高校入

出るナビ

5科

Gakken

はじめに

受験生のみなさんは，日々忙しい中学生活と，入試対策の勉強を両立しながら，志望校合格を目指して頑張っていると思います。

志望校に合格するための最も効果的な勉強法は，入試でよく出題される内容を集中的に学習することです。

そこで，中学5教科（英・数・国・理・社）の入試の傾向を分析して，短時間で効果的に「入試に出る要点や内容」がつかめる，ポケットサイズの参考書を作りました。この本では，入試で得点アップを確実にするために，中学全範囲の学習内容が理解しやすいように整理されています。覚えるべきポイントは確実に覚えられるように，ミスしやすいポイントは注意と対策を示すといった工夫をしています。また，付属の赤フィルターがみなさんの理解と暗記をサポートします。

表紙のお守りモチーフには，毎日忙しい受験生のみなさんにお守りのように携えてもらって，いつでもどこでも活用してもらい，学習をサポートしたい！　という思いを込めています。この本に取り組んだあなたの努力が実を結ぶことを心から願っています。

出るナビ編集チーム一同

出るナビシリーズの特長

高校入試に出る要点が
ギュッとつまったポケット参考書

項目ごとの見開き構成で，中学5教科の入試によく出る要点や内容をしっかりおさえています。コンパクトサイズなので，入試準備のスタート期や追い込み期，入試直前の短期学習まで，いつでもどこでも入試対策ができる，頼れる参考書です。

見やすい紙面と赤フィルターで
いつでもどこでも要点チェック

シンプルですっきりした紙面で，要点がしっかりつかめます。また，最重要の用語やポイントは，赤フィルターで隠せる仕組みになっているので，要点が身についているか，手軽に確認できます。

こんなときに
出るナビが使える！

持ち運んで，好きなタイミングで勉強しよう！　出るナビは，いつでも頼れるあなたの入試対策のお守りです！

学校や塾の行き帰りに

寝る前の5分に

休み時間の友達との勉強に

夕飯前のちょっとした時間に

入試直前の総仕上げに

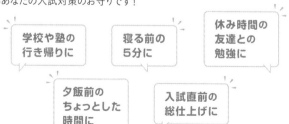

この本の使い方

中学5教科の入試でよく出る重要点を，2ページ単位の構成で，
簡潔にわかりやすく整理しています。
付属の赤フィルターを活用して，効率よく入試対策しよう！

赤フィルターをのせると消える！

最重要用語や要点は，赤フィルターで隠して確認できます。確実に覚えられたかを確かめよう！

注意 間違えやすい内容や，おさえておきたいポイントを解説しています。

参考 関連する学習内容や，発展的な内容を解説しています。

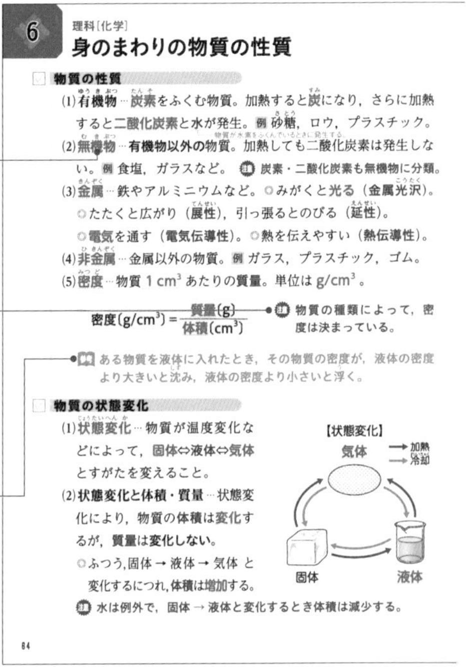
6 理科〔化学〕

身のまわりの物質の性質

物質の性質

(1)有機物《ゆうきぶつ》…炭素《たんそ》をふくむ物質。加熱すると炭《すみ》になり，さらに加熱すると二酸化炭素と水が発生。例 砂糖《さとう》，ロウ，プラスチック。

（水が発生：物質が水素をふくんでいるときに発生する。）

(2)無機物《むきぶつ》…有機物以外の物質。加熱しても二酸化炭素は発生しない。例 食塩，ガラスなど。注意 炭素・二酸化炭素も無機物に分類。

(3)金属《きんぞく》…鉄やアルミニウムなど。◎みがくと光る（金属光沢《こうたく》）。◎たたくと広がり（展性《てんせい》），引っ張るとのびる（延性《えんせい》）。◎電気を通す（電気伝導性）。◎熱を伝えやすい（熱伝導性）。

(4)非金属《ひきんぞく》…金属以外の物質。例 ガラス，プラスチック，ゴム。

(5)密度《みつど》…物質 1 cm^3 あたりの質量。単位は g/cm^3 。

$$密度(g/cm^3)=\frac{質量(g)}{体積(cm^3)}$$

注意 物質の種類によって，密度は決まっている。

参考 ある物質を液体に入れたとき，その物質の密度が，液体の密度より大きいと沈《しず》み，液体の密度より小さいと浮《う》く。

物質の状態変化

(1)状態変化《じょうたいへんか》…物質が温度変化などによって，固体⇔液体⇔気体とすがたを変えること。

(2)状態変化と体積・質量…状態変化により，物質の体積は変化するが，質量は変化しない。
◎ふつう，固体→液体→気体 と変化するにつれ，体積は増加する。

注意 水は例外で，固体→液体と変化するとき体積は減少する。

84

高校入試 出るナビ

5科の特長

◎教科の内容に合わせて工夫された紙面！

◎豊富な演習問題で実戦力アップ！

入試ナビ　物質の性質や密度《みつど》によって，物質を区別する問題がよく出る。

状態変化と温度

(1)融点《ゆうてん》…固体がとけて液体になる温度。

(2)沸点《ふってん》…液体が沸騰《ふっとう》して，気体になる温度。

(3)**純粋《じゅんすい》な物質と混合物の融点と沸点**…純粋な物質は融点・沸点が一定。混合物は融点・沸点が一定にならない。

(4)蒸留《じょうりゅう》…液体を加熱して気体にし，その気体を冷やして再び液体にしてとり出す方法。

【水の温度と状態変化】

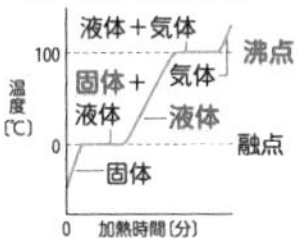

【蒸留の実験】

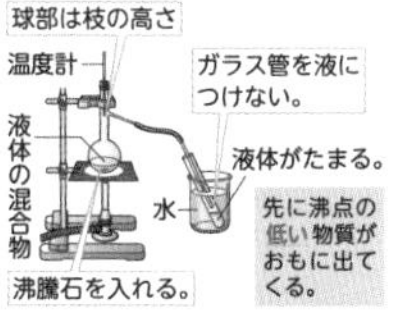

【水とエタノールの混合物の温度変化】

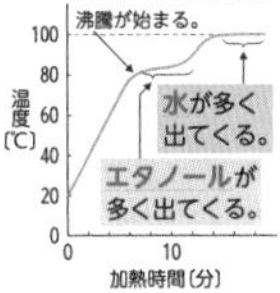

理科

入試に出る最重要ポイント

- ① 物質が状態変化すると，体積は変化するが，質量は変化しない。
- ② 氷がとけ始める温度は0℃で，融点という。
- ③ 水が沸騰して気体に変化する温度は100℃で，沸点という。
- ④ エタノールと水の混合物を蒸留すると，沸点の低いエタノールを多くふくむ液体が先に得られる。

65

入試ナビ　入試で問われやすい内容や，その対策などについてアドバイスしています。

入試に出る　入試に出る「実戦問題」(英・国)，「実戦例題解法」(数)，「最重要ポイント」(社・理)で，実戦力も身につきます。

もくじ

社会

理科

英語

数学

国語

※国語は，185ページからはじまります。

高校入試 出るナビ が暗記アプリでも使える！

ページ画像データをダウンロードして，
スマホでも「高校入試出るナビ」を使ってみよう！

暗記アプリ紹介&ダウンロード 特設サイト

スマホなどで赤フィルター機能が使える便利なアプリを紹介します。下記のURL，または右の二次元コードからサイトにアクセスしよう。自分の気に入ったアプリをダウンロードしてみよう！

Webサイト https://gakken-ep.jp/extra/derunavi_appli/

「ダウンロードはこちら」にアクセスすると，上記のサイトで紹介した赤フィルターアプリで使える，この本のページ画像データがダウンロードできます。使用するアプリに合わせて必要なファイル形式のデータをダウンロードしよう。

※データのダウンロードにはGakkenIDへの登録が必要です。

ページデータダウンロードの手順

①アプリ紹介ページの「ページデータダウンロードはこちら」にアクセス。

②Gakken IDに登録しよう。

③登録が完了したら，この本のダウンロードページに進んで，
下記の『書籍識別ID』と『ダウンロード用PASS』を入力しよう。

④認証されたら，自分の使用したいファイル形式のデータを選ぼう！

書籍識別 ID	nyushi_5k
ダウンロード用 PASS	H7kBZNXU

〈注 意〉
◎ダウンロードしたデータは，アプリでの使用のみに限ります。第三者への流布，公衆への送信は著作権法上，禁じられています。◎アプリの操作についてのお問い合わせは，各アプリの運営会社へお願いいたします。◎お客様のインターネット環境および携帯端末によりアプリをご利用できない場合や，データをダウンロードできない場合，当社は責任を負いかねます。ご理解，ご了承いただきますよう，お願いいたします。◎サイトアクセス・ダウンロード時の通信料はお客様のご負担になります。

>> 社会

I 社会［地理］
地球の姿／日本の姿

1. 地球の姿

(1)大きさ…半径約6400km，赤道全長約４万km。

(2)六大陸…ユーラシア大陸・アフリカ大陸・北アメリカ大陸・南アメリカ大陸・オーストラリア大陸・南極《なんきょく》大陸。

(3)三大洋…太平洋《たいへいよう》・大西洋《たいせいよう》・インド洋。

2. さまざまな世界地図

(1)中心からの距離《きょり》と方位が正しい地図（正距方位《せいきょほうい》図法）。航空図などに利用。

(2)緯線《いせん》と経線《けいせん》が直角に交わる地図（メルカトル図法）…昔は航海図に使われていた。

(3)面積が正しい地図（モルワイデ図法）。

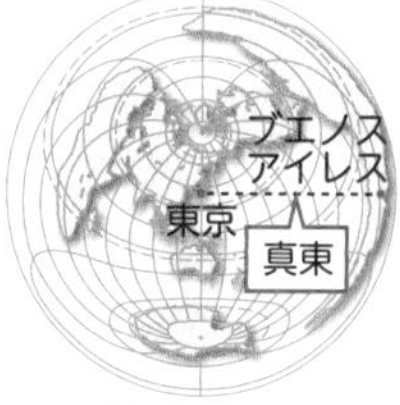

▲正距方位図法

3. 緯度と経度

(1)緯度《いど》…赤道《せきどう》が０度。南北をそれぞれ90度ずつに分ける。同じ緯度を結んだ横の線が緯線《いせん》。

(2)経度《けいど》…本初子午線《ほんしょしごせん》が０度。東西をそれぞれ180度ずつに分ける。同じ経度を結んだ縦《たて》の線が経線《けいせん》。

4. 世界の地域区分

◎六つの州…アジア州・アフリカ州・ヨーロッパ州・北アメリカ州・南アメリカ州・オセアニア州。

入試ナビ　時差の計算では，東の地域の方が時刻が早いことに注意。

5. 日本の位置と範囲

(1)**日本の位置**…**ユーラシア大陸**の東，**太平洋**の北西。

(2)**日本の領土**…**北海道《ほっかいどう》・本《ほん》州《しゅう》・四国《しこく》・九州《きゅうしゅう》**と周辺の小さな島々。

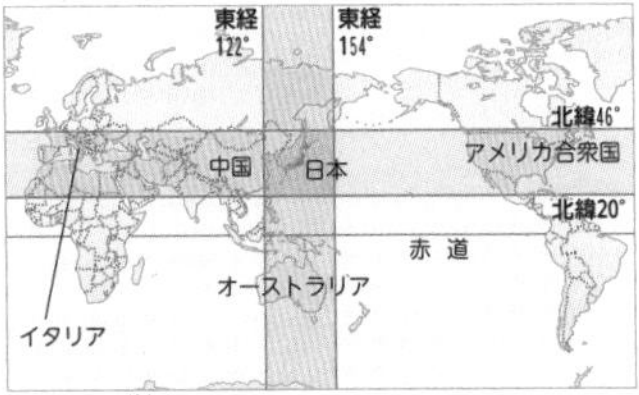

▲日本の範囲《はんい》と緯度・経度がほぼ同じ国

(3)**領土をめぐる動き**

◎**北方《ほっぽう》領土**…日本固有の領土だが，**ロシア連邦《れんぽう》が不法に占拠《せんきょ》**。

◎**竹島《たけしま》**…日本固有の領土だが，**韓国《かんこく》が不法に占拠**。

◎**尖閣《せんかく》諸島**…日本固有の領土。中国《ちゅうごく》などが領有権を主張。

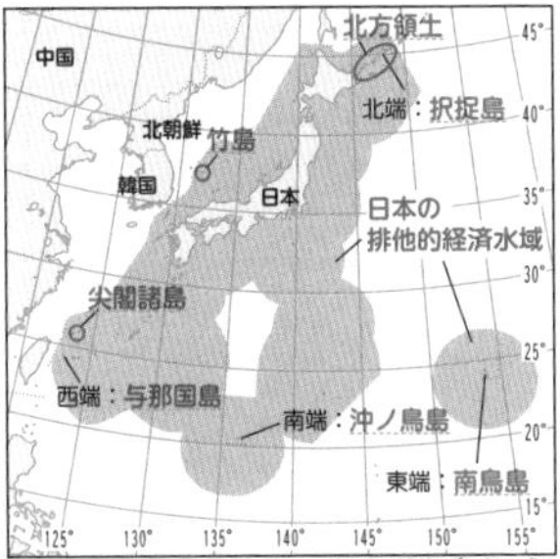

▲日本の東西南北の端《はし》と排他的経済水域《はいたてきけいざいすいいき》

6. 時差のしくみ

(1)**日本の標準時**…兵庫県**明石《あかし》市**を通る**東経135度**の経線上の時刻。

(2)**時差**…経度**15**度で 1 時間の時差。**経度差÷15**で求める。

(3)**日付変更《へんこう》線**…**西から東へ**越《こ》えるときは日付を 1 日**遅《おく》らせ**，**東から西へ**越えるときは 1 日**進める**。

入試に出る最重要ポイント

- ① 六大陸で最も面積が大きいのは，**ユーラシア大陸**である。
- ② 三大洋で最も面積が大きいのは，**太平洋**である。
- ③ 日本の南端は**沖ノ鳥島《おきのとりしま》**である。
- ④ 経度 **15** 度で，1 時間の時差が生じる。

2

社会［地理］

日本の地域区分／さまざまな地域の暮らしと世界の宗教

1. 都道府県

⑴ **47の都道府県**…１都（東京都），１道（北海道），２府（大阪府・京都府），43県からなる。

⑵ **都道府県庁所在地**…多くは，**城**《じょう》**下**《か》**町**や港町，門前《もんぜん》町から発展。

◎都道府県名と都道府県庁所在地名が異なる都市…**横浜**《よこはま》市（神奈川県）など。

▲７地方区分

⑶ **都道府県の特色**

◎面積…大きい順に，**北海道・岩手県・福島県**。最も小さい県は**香川県**。

◎人口…多い順に，**東京都・神奈川県・大阪府**。最も少ない県は**鳥取県**。

▲中国・四国地方の地域区分

2. 日本の地域区分

⑴ **７地方区分**…**北海道**《ほっかいどう》**地方**，**東北**《とうほく》**地方**，**関**《かん》**東**《とう》**地方**，**中部**《ちゅうぶ》**地方**，**近畿**《きんき》**地方**，**中国**《ちゅうごく》・**四国**《しこく》**地方**，**九州**《きゅうしゅう》**地方**。

⑵ **３地方区分**…東日本・西日本・北海道。

⑶ **細かい区分**

◎中国地方…**山陰**《さんいん》，**山陽**《さんよう》。

◎中国・四国地方…**山陰**，**瀬戸内**《せとうち》，**南四国**。

◎中部地方…**東海**《とうかい》，**中央高地**《ちゅうおうこうち》，**北陸**《ほくりく》。

▲中部地方の地域区分

入試ナビ　都道府県名と異なる都道府県庁所在地名は要チェック！

3. 世界各地の気候と暮らし

(1) **世界の気候**…**熱帯**・**乾燥《かんそう》帯**・**温帯**・**冷帯（亜《あ》寒帯）**・**寒帯**に分かれる。

(2) **熱帯**…**熱帯雨林**の葉や幹を利用した住居や，湿気《しっけ》を防ぐ**高床《たかゆか》**の住居がみられる。

(3) **寒帯**…カナダ北部では，先住民の**イヌイット**がカリブー（トナカイ）などの狩《か》り，移動生活→近年は定住化。

(4) **乾燥帯**…**オアシス**周辺では，**かんがい**などによる農業。

(5) **標高の高い地域（高地）**…**高山気候**のアンデス山脈では，**リャマ・アルパカ**の放牧。

4. 世界の宗教と衣食住

(1) **宗教**…**仏教**・**キリスト教**・**イスラム教**が三大宗教。インドの**ヒンドゥー教**，ユダヤ人の**ユダヤ教**など。

(2) **衣服**…**気候に合った素材**や，**宗教の教えに基《もと》づく**衣服。

(3) **食事**…主食は**米**・**小麦**・**とうもろこし**など。

(4) **住居**…森林の多い地域の**木**の家，乾燥した地域などの**日干《ひぼ》しれんが**の家など。

▲イスラム教徒の女性の衣服

入試に出る最重要ポイント

- ① 都道府県は ,**1 都** ,**1 道** ,**2 府** ,**43 県**の **47 都道府県**からなる。
- ② 面積が最も大きい都道府県は**北海道**，人口が最も多い都道府県は**東京都**。
- ③ 中部地方を 3 つに分けると，**東海**・**中央高地**・**北陸**。
- ④ 三大宗教は，**仏教**・**キリスト教**・**イスラム教**。

3

社会［地理］

アジア州／ヨーロッパ州／アフリカ州

1. アジア州の様子

(1) **人口**…中国《ちゅうごく》とインドは人口14億人を超《こ》える→中国はかつて**一人《ひとり》っ子政策《こせいさく》**によって人口を抑制《よくせい》（2015年に廃止《はいし》）。

(2) **農業**…**季節風(モンスーン)**の影響《えいきょう》を受ける東・東南・南アジアで**稲作《いなさく》**がさかん→**インド・タイ・ベトナム**は世界有数の米の輸出国。**プランテーション**で天然ゴム・バナナ・油やしなどを栽培《さいばい》。

▲中国の農業地域

(3) **鉱業**…**ペルシャ湾岸《わんがん》**は世界最大の**石油**の産出地。中国・中央アジアで**レアメタル(希少金属)**を産出。

(4) **工業**…中国は沿岸部に**経済特区《けいざいとっく》**を設置→工業化が進み**「世界の工場」**と呼ばれる。インド南部の**ベンガルール**で**情報通信技術（ICT《アイシーティー》）関連産業**が発達。マレーシア・タイ・ベトナムなどの**工業団地**に各国の企業《きぎょう》が進出。

(5) 各国の結びつき…東南アジアの国々の**東南アジア諸国連合(ASEAN《アセアン》)**，西アジアなどの産油国の**石油輸出国機構(OPEC《オペック》)**。

2. ヨーロッパ州の様子

(1) **自然**…暖流の**北大西洋《きたたいせいよう》海流**と**偏西風《へんせいふう》**の影響で，高緯度《いど》のわりに温暖。スカンディナビア半島に**フィヨルド**。

(2) **言語と民族**…主に**ゲルマン系**・ラテン系・スラブ系。

(3) **文化**…**キリスト教**が生活と密接な関係。

(4) **ヨーロッパの統合**…1993年に**EU《イーユー》(ヨーロッパ連合)**が発足《ほっそく》→共通通貨**ユーロ**の導入。関税の撤廃《てっぱい》。加盟国間に経済格差。

入試ナビ ユーロや経済格差についての出題が多い。おさえておこう。

(5) **農業**…フランスで，**混合農業**による**小麦**の栽培。**地《ち》中海《ちゅうかい》式農業**によるぶどう・オリーブの栽培。

(6) **工業**…医薬品や航空機などを生産する**先端《せんたん》技術（ハイテク）産業**が発達。**航空機**は各国の技術協力による分業で生産。

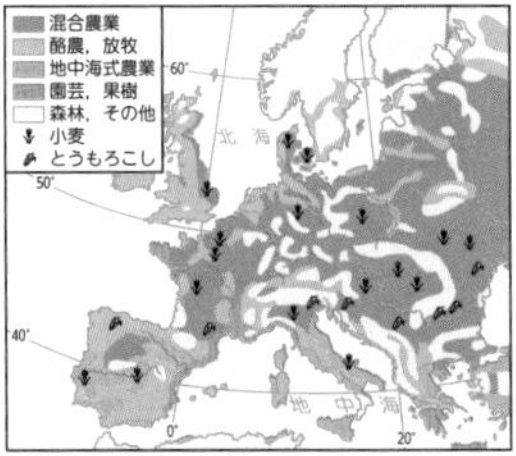

▲ヨーロッパの農業地域

3. アフリカ州の様子

(1) **自然と歩み**…北部に面積最大の**サハラ砂漠《さばく》**。16世紀以降，**奴《ど》隷《れい》**として多くの人々が南北アメリカ大陸へ。

(2) **農業**…**ギニア湾岸《わんがん》**の**コートジボワール**や**ガーナ**で**カカオ**，エチオピアで**コーヒー**・ケニアで**茶**の栽培。

(3) **鉱業**

◎**金**…南アフリカ共和国やコンゴ民主共和国など。

◎**ダイヤモンド**…ボツワナ・コンゴ民主共和国・南アフリカ共和国など。

◎**レアメタル（希少金属）**…コンゴ民主共和国や南アフリカ共和国など。
└── コバルト・クロム・マンガンなど

入試に出る最重要ポイント

- ① **中国**と**インド**は，人口14億人を超えている。
- ② **インドやタイ，ベトナム**は，**米**の輸出量が世界有数である。
- ③ ヨーロッパでは，**キリスト教**が生活と結びついている。
- ④ フランスでは，**混合農業**や**地中海式農業**による**小麦**の生産がさかん。
- ⑤ アフリカ州の北部には，**世界最大のサハラ砂漠**が広がる。
- ⑥ **ギニア湾岸**では，**カカオ**の生産がさかんである。

4 社会［地理］

北アメリカ州／南アメリカ州／オセアニア州

1. 北アメリカ州の様子

(1) **アメリカ合衆国《がっしゅうこく》の農業**…大型機械を使い，労働者を雇《やと》う**企業《きぎょう》的**な農業。**適地適作《てきちてきさく》**が特徴《とくちょう》。

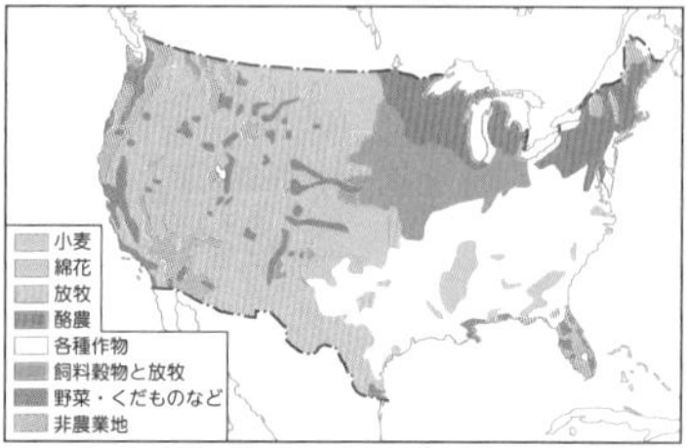

▲アメリカ合衆国の農業地域

(2) **アメリカ合衆国の鉱業**…メキシコ**湾岸《わんがん》**やアラスカで**石油**，**アパラチア炭田**で**石炭**，五大湖西岸で**鉄鉱石**。近年，**シェールガス**の開発。

(3) **アメリカ合衆国の工業**…**北緯《ほくい》37度以南**の**サンベルト**で**先端《せんたん》技術（ハイテク）産業**が発達→サンフランシスコ近郊《きんこう》の**シリコンバレー**に**情報通信技術（ICT《アイシーティー》）関連産業**が集中。

(4) **民族と文化**…先住民は**ネイティブアメリカン**。ヨーロッパ系の人々・アフリカ系の人々のほか，世界中からの**移民**。近年，スペイン語を話す**ヒスパニック**が増加。それぞれの言語や文化が尊重されている。

2. 南アメリカ州の様子

(1) **自然**…西部に**アンデス山脈**が南北に連なる。北部に**赤道《せきどう》**が通り，**流域面積が世界最大**の**アマゾン川**が流れる。

(2) **農業**…ブラジルの**大農園**で**コーヒー**・さとうきびを栽培《さいばい》。アルゼンチンの**パンパ**で，小麦や大豆の栽培，牛や羊の放牧。

(3) **鉱工業**…ブラジルの**カラジャス鉄山**で**鉄鉱石**→日本への輸出が多い。**ブラジル**は工業化が進み，**ロシア・インド・中国・南アフリカ共和国**とともに**BRICS《ブリックス》**と呼ばれる。

入試ナビ オーストラリアの鉄鉱石と石炭の産出地域を確認。

(4)**環境《かんきょう》問題と取り組み**…アマゾン川流域で，道路建設や農地開発などによって**熱帯林が減少**。ブラジルでは，**さとうきび**などを原料にした**バイオエタノール（バイオ燃料）**で走る自動車が普及《ふきゅう》。

3. オセアニア州の様子

(1)**歩み**…オーストラリア大陸には，古くから先住民の**アボリジニ**が住む→18世紀以降，**イギリスの植民地**とされ，イギリスからの**移民**によって開拓《かいたく》が進む。

(2)**農業**…オーストラリア・ニュージーランドで，**羊**の飼育。オーストラリアの東部や南西部で，牧畜《ぼくちく》と小麦などの栽培を組み合わせた農業。

(3)**鉱業**…オーストラリアの北東部・南東部で**石炭**，北西部で**鉄鉱石**。ほか，ボーキサイト・金など，鉱産資源が豊富。

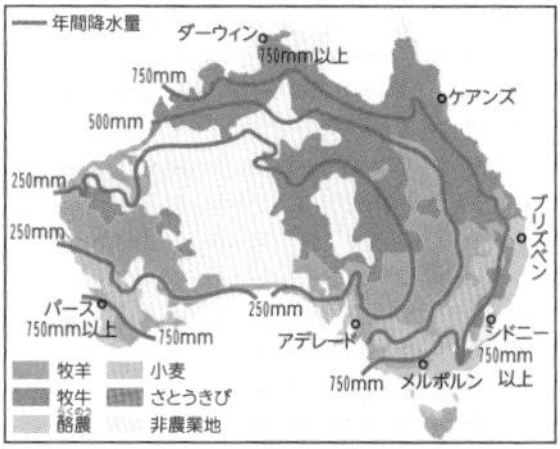

▲オーストラリアの農業地域

(4)**社会**…かつて，**白豪《はくごう》主義**で非白人の移民を制限→現在は，移民を受け入れ，**多文化社会**を目指す。

入試に出る最重要ポイント

- ① 北アメリカ州の**北緯37度**以南のサンベルトで工業が発達している。
- ② **ヒスパニック**はスペイン語を話す移民である。
- ③ 南アメリカ大陸の西部には，**アンデス山脈**が長く連なる。
- ④ 工業化が進んだブラジルは，**BRICS**の一国である。
- ⑤ **オーストラリア**の先住民は**アボリジニ**である。

5 社会[地理]

地形図の読み取り／調査のしかた／日本の地形・気候

1. 地形図の読み取り

(1) **実際の距離《きょり》の求め方**…地図上の長さ×**縮尺《しゅくしゃく》の分母**。

注意 地図上の長さは，実際の距離÷縮尺の分母で求める。

(2) **等高線**… 2万5千分の1の地形図では**10**mごと，**5万分の1**の地形図では**20**mごと。間隔《かんかく》が**狭《せま》い**と急傾斜《けいしゃ》，**広い**とゆるい傾斜。

◎	[市(区)役所]	⌂	[老人ホーム]	ıı ıı	[田]
文	小・中学校	卍	寺院	∨ ∨	畑
〶	[郵便局]	⛩	[神社]	ｏ ｏ	[果樹園]
⊗	[警察署]	Y	[消防署]	∴ ∴	[茶畑]
×	交番	☼	[発電所・変電所]	ılı ılı	荒地
⛨	[病院]	🕮	図書館	Ｑ Ｑ	[広葉樹林]
⊕	保健所	🏛	博物館・美術館	Λ Λ	針葉樹林

▲主な地図記号

2. 調査のしかた

(1) **調査の手順**…調査テーマの決定→**仮説**を立てる→調査。

(2) **調査方法**

◎**インターネット**を活用する…国や地域の大使館や観光局，外務省のウェブサイトなどで調べる。

◎図書館，市区町村の役所や郷土資料館などを利用する…市区町村から得られる**統計資料**や**文献**，写真などからは，より詳《くわ》しい地域の情報を得ることができる。

！知っトク情報

テーマを決める視点

自然・環境《かんきょう》…面積・気温・降水量など。

生活・文化…伝統的な衣食住・言語・宗教など。

産業…農業・工業・鉱産資源など。

人口…人口の分布・民族構成など。

地域間の結びつき…交通網《もう》・貿易・通信ネットワークなど。

入試ナビ 季節風の吹《ふ》く方向と影響《えいきょう》をしっかりおさえておこう。

3. 日本の地形

(1) **2つの造山帯《ぞうざんたい》**…日本列島が属する**環太平洋《かんたいへいよう》造山帯**と**アルプス・ヒマラヤ造山帯**。

(2)**日本の地形**…三陸《さんりく》海岸南部や志摩《しま》半島に**リアス海岸**。谷口に**扇状地《せんじょうち》**，河口に**三角州《さんかくす》**が発達。

(3)**日本周辺の海流**…太平洋《たいへいよう》側に暖流の**黒潮《くろしお》(日本海流)**と寒流の**親潮《おやしお》(千島《ちしま》海流)**。日本海側に暖流の**対馬《つしま》海流**と寒流の**リマン海流**。

4. 日本の気候

(1)**北海道の気候・太平洋側の気候・日本海側の気候・中央高地(内陸性)の気候・瀬戸内《せとうち》の気候・南西諸島の気候に分かれる**…太平洋側の気候は，夏は**南東**の**季節風**の影響《えいきょう》で雨が多く，冬は**乾燥《かんそう》**。日本海側の気候は，冬は**北西**の**季節風**の影響で雪が多い。

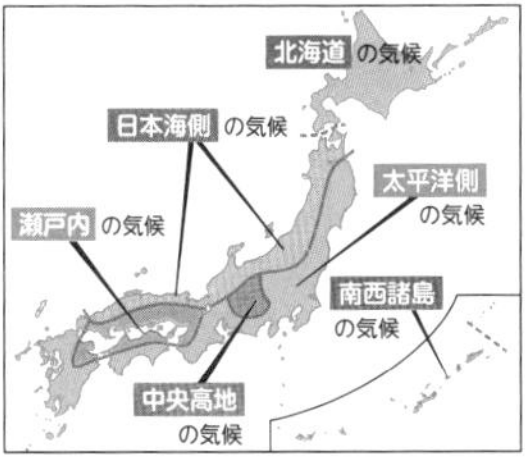

▲日本の気候区分

(2)自然災害…**地震《じしん》**・**津波《つなみ》**・火山の**噴火《ふんか》**・**洪水《こうずい》**・**土石流《どせきりゅう》**・**高潮《たかしお》**など。

◎**災害への対応**…**防災**・**減災**への取り組み。**公助《こうじょ》**・**自助《じじょ》**・**共助《きょうじょ》**。

入試に出る最重要ポイント

- ① **実際の距離**は，**地図上の長さ**×**縮尺の分母**で求める。
- ② 等高線は，**間隔が狭いと**傾斜が**急**で，**広いと**傾斜は**ゆるやか**。
- ③ 日本の太平洋側に**暖流**の**黒潮（日本海流）**が流れる。
- ④ 太平洋側は，南東の**季節風**の影響で**夏**に雨が多い。
- ⑤ **災害の被害《ひがい》をできるだけ少なくする取り組み**を**減災**という。

6 社会［地理］

人口／資源とエネルギー／日本の産業・交通

1. 世界と日本の人口

(1) **世界の人口**…総人口は**約79億人**（2021年）。発展《はってん》途《と》上国《じょうこく》で**人口爆発《ばくはつ》**，先進国で**少子化《しょうしか》**と**高齢化《こうれい》**が進む。

(2) **日本の人口**…総人口は約1億2519万人（2022年）。**太平洋《たいへいよう》ベルト**に人口が集中。東京・大阪・名古屋《なごや》の三大都市圏《けん》で**過密《かみつ》（化）**，農山村や離島《りとう》で**過疎《かそ》（化）**。

(3) **人口構成**…日本は**少子化**と**高齢化**が同時に進んだ**少子高齢**社会→労働力の不足や社会保障費の不足などが心配される。

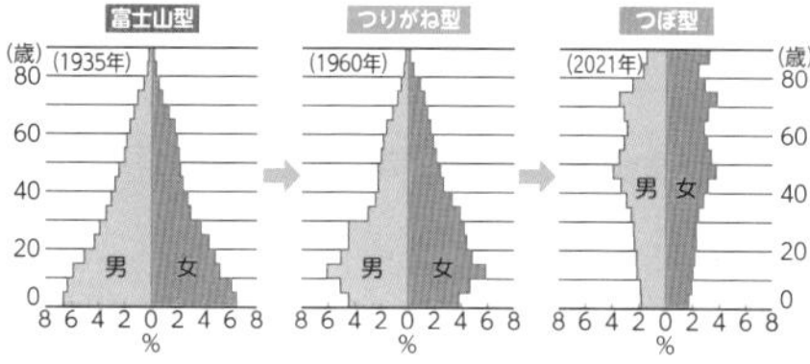

▲日本の人口ピラミッドの変化

2. 資源とエネルギー

(1) **資源の分布**…ペルシャ湾岸《わんがん》に**石油**が集中。近年，電子機器に使われる**レアメタル（希少金属）**に注目。

(2) **日本の電力**…**火力発電**が中心→1970年代から**原子力発電**がのびていたが，2011年の東日本大震災《だいしんさい》による福島第一原子力発電所の事故で，利用を見直す議論が続く。

(3) **環境《かんきょう》問題と対応**…温室効果ガスの増加による**地球温暖化**。資源の枯渇《こかつ》→太陽光・風力・地熱・バイオマスなどの**再生可能エネルギー**の活用，リサイクルの推進などに取り組み，**持続可能な社会**の実現を目指す。

3. 日本の産業

(1) **さまざまな農業**…**稲作《いなさく》**，**近郊《きんこう》農業**，**促成栽培《そくせいさいばい》**や**抑制《よくせい》栽培**。

入試ナビ 工場の海外移転で，どんな問題が起こるか理解しよう。

◎課題…**食料自給率の低下**，**農業人口の減少**や**高齢化**など。

(2) **水産業**…**沖合《おきあい》漁業**が中心。**遠洋漁業**は各国の**排他的経済《はいたてきけいざい》水域**の設定によって衰退《すいたい》→**とる漁業**から**「育てる漁業」**（**養殖《ようしょく》業**や**栽培漁業**）へと転換《てんかん》。

(3) **工業**…**太平洋ベルト**に工業地帯・地域が集中。**加工貿易**で工業が発展。1980年代から海外に工場を移す企業《きぎょう》が増加→**産業の空洞化《くうどうか》**が進む。

(4) **サービス業の変化**…情報や通信に関する業種が成長。映像・ゲームなどに関する**コンテンツ産業**が世界から注目。

◎高齢化に伴《ともな》い，**介護《かいご》サービス**などの医療《いりょう》・福祉《ふくし》サービスを提供する業種が増加。

4. 日本の交通網・通信網

(1) **貨物輸送**…原油や自動車など重い製品は**海上輸送**，軽くて高価な電子部品，新鮮《しんせん》さが必要な野菜などは**航空輸送**。

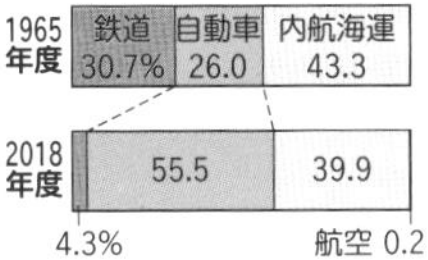

「日本国勢国会」

▲国内の貨物輸送の割合の変化

(2) **情報通信網**…**情報通信技術（ICT《アイシーティー》）**の発達で**インターネット**での買い物や遠《えん》隔医療《かくいりょう》が可能に。一方，**情報格差**（デジタル・デバイド）も発生。

入試に出る 入試に出る最重要ポイント

- ① 東京・大阪・名古屋では，**過密（化）**が進んでいる。
- ② 日本の発電では，**火力発電**の割合が最も高い。
- ③ **温室効果ガス**の増加で，**地球温暖化**が進んでいる。
- ④ **排他的経済水域**の設定で，日本の遠洋漁業が衰《おとろ》えた。
- ⑤ **海外に工場を移す企業が増加**し，**産業の空洞化**が問題になった。

7 社会［地理］

九州地方／中国・四国地方／近畿地方

1. 九州地方の様子

(1)**自然**…**阿蘇《あそ》山**に世界最大級の**カルデラ**。

(2)**農業**…**筑紫《つくし》平野**の干拓地《かんたくち》で稲作《いなさく》。**宮崎平野**でピーマン・きゅうりの**促成栽培《そくせいさいばい》**。**シラス台地**が広がる鹿児島県と宮崎県南部で**豚《ぶた》**・**鶏《にわとり》**・**肉牛**の飼育。

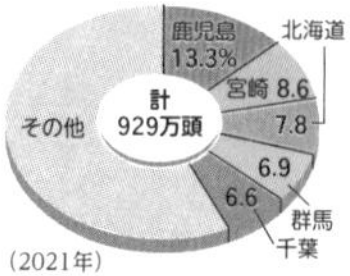

▲豚の飼育頭数の割合

「県勢」

(3)**工業**…1901年，**八幡製鉄所《やはたせいてつじょ》**が操業を始め，**北九州工業地帯(地域)**が発展→現在は，**IC《アイシー》**(**集積回路**)や自動車など機械工業が成長。

(4)**環境《かんきょう》保全**…水俣《みなまた》市・北九州市は**環境モデル都市**→**循環型《じゅんかんがた》社会**の実現に向けて，市内にリサイクルのための工場を集めた**エコタウン**を形成。

2. 中国・四国地方の様子

(1)**自然**…瀬戸内海《せとないかい》が本州と四国を隔《へだ》てる。

(2)**農業**…愛媛県などの瀬戸内《せとうち》の日当たりのよい斜面《しゃめん》で**みかん**の栽培。**高知平野**で，**なす・きゅうり・ピーマン**などの**促成栽培**。

(3)**工業**…**瀬戸内《せとうち》工業地域**を形成→**倉敷《くらしき》市水島《みずしま》地区**や愛媛県新居《にい》浜《はま》市などに**石油化学コンビナート**。

(4)**交通網《もう》**…中国自動車道などの開通→沿線に工業団地や流通センターが進出。山陽新幹線《さんようしんかんせん》などが東西を結ぶ。**本州四国連絡橋《ほんしゅうしこくれんらくきょう》**が本州と四国を結ぶ。

(5)**人口**…**広島市**など，瀬戸内の都市部に人口が集中。農山村・離島《りとう》で**過疎《かそ》化**・**高齢《こうれい》化**→**町おこし・村おこし**で地域を活性化。

入試ナビ 宮崎平野と高知平野の促成栽培は最重要。

3. 近畿地方の様子

(1) **自然**…**琵琶湖《びわこ》**は日本最大の湖。**紀伊《きい》半島**が太平洋《たいへいよう》に突《つ》き出て，**紀伊山地**が連なる。志摩《しま》半島に**リアス海岸**。

(2) **都市**…**大阪市**で**卸売《おろしうり》業**がさかん→**問屋街《とんやがい》**を形成。京都市はかつて**平安京《へいあんきょう》**が置かれた古都。神戸《こうべ》市は国際貿易都市として繁《はん》栄《えい》。大阪大都市圏《けん》を形成。

(3) **農業**…和歌山県で，**みかん**・うめ・かきの栽培。

(4) **林業**…**紀伊山地**は雨が多く，森林が豊富→**吉野《よしの》すぎ**・**尾鷲《おわせ》ひのき**が育つ。

(5) **工業**…大阪府・兵庫県を中心に**阪神《はんしん》工業地帯**を形成→内陸部に高い技術力をもつ**中小工場**が多い。大阪臨海部で再開発。

(6) **文化**…近畿《きんき》地方に６件の**世界遺産（文化遺産）**。京都・奈良に**国宝**・**重要文化財**が集中。京都には伝統的家屋の**町家《まちや》**が残る。

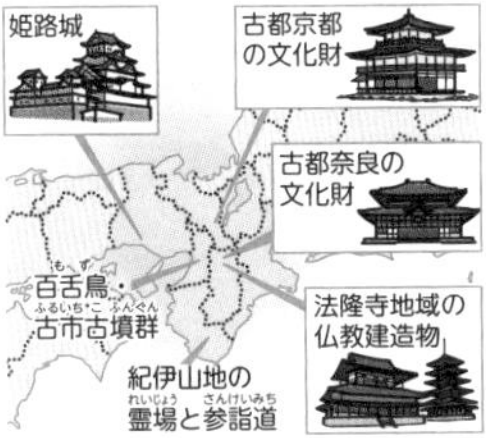

▲近畿地方の世界文化遺産

入試に出る最重要ポイント

- ① **宮崎平野**や高知平野では，**促成栽培**がさかんである。
- ② **八幡製鉄所**の操業開始で，**北九州工業地帯**が発展した。
- ③ 倉敷市**水島地区**では，**石油化学コンビナート**が形成されている。
- ④ 本州と四国は**本州四国連絡橋**で結ばれている。
- ⑤ **志摩半島**には，複雑な**リアス海岸**がみられる。
- ⑥ **神戸市**は，国際貿易都市として繁栄している。

8 社会［地理］

中部地方／関東地方

1. 中部地方の様子

(1)**自然**…若狭湾岸《わかさわんがん》に**リアス海岸**。**木曽《きそ》川・長良《ながら》川・揖斐《いび》川**の下流域に広がる**濃尾《のうび》平野**に**輪中《わじゅう》**。**富士山《ふじさん》**は世界遺産(文化遺産)。

▲濃尾平野の輪中

(フォト・オリジナル)

(2)**農業**…**越後《えちご》平野**は日本を代表する**稲作《いなさく》**地帯。長野県の高原でレタス・はくさいなどの**高原野菜**の**抑制栽培《よくせいさいばい》**。**甲府盆地《こうふぼんち》**で**ぶどう・もも**の栽培。**牧ノ原《まきのはら》**で**茶**，渥美《あつみ》半島で**施設《しせつ》園芸農業**(メロン・**電照菊《でんしょうぎく》**)の栽培。

(3)**水産業**…**焼津港《やいづ》**(静岡県)は**遠洋漁業**の基地→まぐろ・かつおの水揚《みずあ》げが多い。

(4)**工業**…**中京《ちゅうきょう》工業地帯**の豊田《とよた》市で**自動車工業**，四日市《よっかいち》市で**石油化学工業**。東海《とうかい》工業地域の浜松《はままつ》市でオートバイ・楽器の生産，富士《ふじ》市で製紙・パルプ工業。中央高地の諏訪湖《すわこ》周辺で古くから精密機械工業が発達。

(5)**名古屋《なごや》大都市圏《けん》**…**東名高速道路**と**東海道新幹線《とうかいどうしんかんせん》**によって，東京・大阪大都市圏と結ばれる。

(6)**貿易港**…伊勢湾《いせわん》海上の**中部《ちゅうぶ》国際空港**が世界とつながる。**名古屋港**からは**自動車の輸出**が多い。

2. 関東地方の様子

(1)**自然**…**関東《かんとう》ローム**で覆《おお》われた関東平野に，**流域面積が日本最大**の**利根《とね》川**が流れる。

(2)**農業**…大消費地向けに**近郊《きんこう》農業**。嬬恋《つまごい》村(群馬県)で，冷涼《れいりょう》な気候を生かしたキャベツなどの**高原野菜**を栽培。

入試ナビ 都心部の昼夜間人口の特色を理解しておこう。

(3) **工業**…**京浜《けいひん》工業地帯**の臨海部で石油化学工業と鉄鋼《てっこう》業，情報の中心地の東京都で**印刷業**が発達。**京葉《けいよう》工業地域**で鉄鋼業や石油化学工業，**北関東工業地域**では，日系ブラジル人が多く働く。

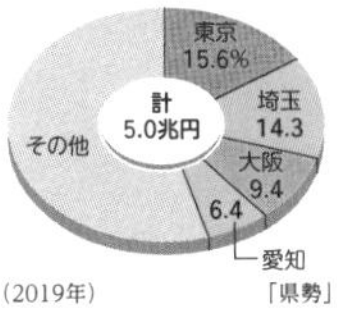

▲印刷・同関連業の生産額の割合

(4) **人口**…日本の総人口の約**3分の1**が関東地方に集中。横浜《よこはま》市・川崎《かわさき》市・さいたま市など，大都市が多い。５つの**政令指定都市**。

(5) **人口の移動**…郊外《こうがい》から都心に通勤・通学する人が多い→都心では，**昼間人口**が多く，**夜間人口**が少ない。近年は，都市の再開発によって，都心に人口が戻《もど》りつつある。

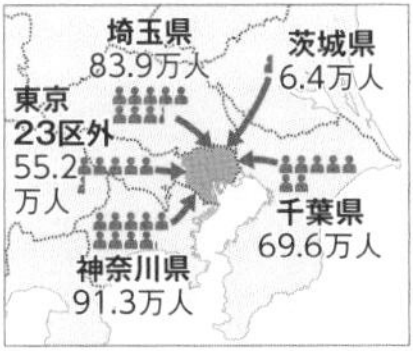

▲周辺地域から東京中心部(23区)への通勤・通学者数

(2015年)(「国勢調査報告」平成27年)

注意 **逆に，東京の郊外や近くの県では，昼間人口が少なく，夜間人口が多い。**

(6) **都市機能の分散**…横浜市の臨海部に**横浜「みなとみらい21」**，さいたま市の中心部に**「さいたま新都心」**。

入試に出る 入試に出る最重要ポイント

- ☐ ① **濃尾平野**には，堤防《ていぼう》で囲まれた**輪中**がみられる。
- ☐ ② **甲府盆地**では，**ぶどう・もも**の栽培がさかん。
- ☐ ③ 静岡県の**牧ノ原**では，**茶**の栽培がさかん。
- ☐ ④ 愛知県の**豊田**市では，**自動車工業**が発達している。
- ☐ ⑤ 情報の中心地の東京では，**印刷業**が発達している。
- ☐ ⑥ 都心では**昼間人口**が**多く**，**夜間人口**が**少ない**。

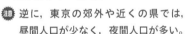

9 社会[地理]

東北地方／北海道地方

1. 東北地方の様子

(1)**自然**…**三陸《さんりく》海岸**南部に，海岸線が入り組んだ**リアス海岸**。**白《しら》神《かみ》山地**は世界遺産(自然遺産)に登録。

(2)**農業**…仙台《せんだい》平野・庄内《しょうない》平野など，各地で**稲作《いなさく》**がさかん→太平洋《たいへいよう》側は夏のころに**やませ**が吹《ふ》くと冷害が起こることがある。青森県で**りんご**，山形県で**さくらんぼ**の栽培《さいばい》。

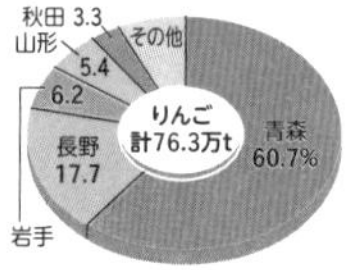

(2020年)　「県勢」

▲りんごの収穫量の割合

(3)**水産業**…三陸海岸で，**わかめ・こんぶ・かき**の養殖《ようしょく》→2011年の**東日本大震災《だいしんさい》**で大きな打撃《だげき》。

(4)**工業**…高速道路沿いに**工業団地**。電子部品などの工場が進出。農家の冬の副業として，伝統産業が発達。

(5)**文化**…**青森ねぶた祭《まつり》**・**秋田竿燈《かんとう》まつり**・**仙台七夕《たなばた》まつり**が夏の東北三大祭り。岩手県に母屋《おもや》と馬屋《うまや》を合わせた**南部曲家《なんぶまがりや》**などの民家。

2. 北海道地方の様子

(1)**自然**…**冷帯(亜《あ》寒帯)**に属する。**オホーツク海**沿岸は冬に**流氷**。**知床《しれとこ》**は世界遺産(自然遺産)に登録。

(2)**農業**…石狩《いしかり》平野は**客土《きゃくど》**によって，**稲作地帯**に。**十勝《とかち》平野**は畑作地帯で，てんさい・じゃがいも・大豆《だいず》などの**輪作《りんさく》**を行う。**根釧《こんせん》台地**は日本有数の**酪農《らくのう》**地帯。

! 知っトク情報

輪作を行う理由

輪作は，同じ耕地で数種の作物を年ごとに一定の順序で栽培する方法。1種類の作物を同じ耕地で続けて栽培する(連作)と，土地の栄養が落ちるので，これを防ぐために行う。

入試ナビ りんごの収穫量の割合のグラフは最重要。

(3) **水産業**…**釧路港**《くしろ》を中心に**北洋漁業**→現在は，**養殖業**《ようしょく》・**栽培漁業**からなる**「育てる漁業」**へ。

(4) **工業**…**地元でとれた原材料を加工**する製造業を中心に発展。帯広《おびひろ》市で**食品工業**，苫小牧《とまこまい》市で**製紙・パルプ工業**，根室《ねむろ》市で**水産加工業**など。

(5) **歩み**…古くから先住民族の**アイヌ**の人たちが暮《く》らす→明治《めいじ》時代に開拓《かいたく》使《し》が置かれ，**屯田兵**《とんでんへい》による大規模な開拓が行われる。

(6) **自然を生かす観光業**…**さっぽろ雪まつり**，**世界遺産**(自然遺産)の知床《しれとこ》。

◎自然との共存…自然との関わりを学びながら観光も楽しむ**エコツーリズム**の取り組みが進む。

◎**有珠山**《うすざん》と**洞爺湖**《とうやこ》周辺は**ユネスコ世界ジオパーク**に登録→環境《かんきょう》や防災について学べる観光地として，地域の活性化に役立つ。

！知っトク情報

アイヌ文化の尊重

近年はアイヌの人々の文化の伝承・再生を目指す取り組みが進められ，2019年には，アイヌの人々を北海道とその周辺の「先住民族」と明記するアイヌ民族支援《しえん》法が制定された。

入試に出る最重要ポイント

- ☐ ① **三陸海岸**南部には，**リアス海岸**がみられる。
- ☐ ② **青森県**は，**りんご**の収穫量が全国一である。
- ☐ ③ **アイヌ**の人たちは，**北海道**の先住民族である。
- ☐ ④ **根釧台地**は，日本有数の**酪農地帯**である。
- ☐ ⑥ 北海道では，自然との関わりを学びながら観光も楽しむ**エコツーリズム**の取り組みが進められている。

10

社会［歴史］

文明のおこりと日本の成り立ち

1．旧石器・新石器時代と文明のおこり

⑴**旧石器時代**…打製石器を使用。

⑵**新石器時代**…磨製《ませい》石器，粘土《ねんど》を焼いた土器を使用。

⑶**古代文明のおこり**…エジプト文明→象形文字《しょうけい》，メソポタミア文明→くさび形文字，中国文明→殷《いん》（商《しょう》）で甲骨文字《こうこつ》を使用。インダス文明にモヘンジョ＝ダロの都市遺跡《いせき》。

⑷**中国の動き**…紀元前221年に秦《しん》の始皇帝《しこうてい》が中国《ちゅうごく》を統一。万里《ばんり》の長城。→漢《かん》の成立。ローマ帝国《ていこく》との間でシルクロード（絹《きぬ》の道）。

2．日本の旧石器時代と縄文・弥生時代

⑴**旧石器時代**…打製石器の使用。岩宿《いわじゅく》遺跡（群馬県）。

⑵**縄文《じょうもん》時代**…採集・狩《か》り・漁のくらし。縄目《なわめ》の文様の縄文土器，表面を磨《みが》いた磨製石器を使用。貝塚《かいづか》，土偶《どぐう》。大森《おおもり》貝塚・三内丸山《さんないまるやま》遺跡。

⑶**弥生《やよい》時代**…稲作《いなさく》の広まり→稲穂《いなほ》を蓄《たくわ》えた高《たか》床《ゆか》倉庫。赤褐色《せきかっしょく》で飾《かざ》りが少ない弥生土器。銅《どう》剣《けん》・銅鐸《どうたく》・銅鏡《どうきょう》などの青銅器《せいどうき》や鉄器。登呂《とろ》遺跡・吉野ヶ里《よしのがり》遺跡。

▲縄文土器

（國學院大學博物館）

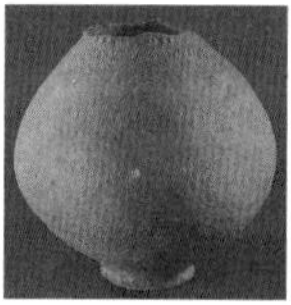

▲弥生土器

（東京大学総合研究博物館）

3．大和政権（ヤマト王権）と古墳時代

⑴**小国の分立**…紀元前１世紀ごろ，倭《わ》（日本）に100余りの国。

◎奴国《なこく》《なのくに》の王…漢《かん》の皇帝に使いを送り，金印を授けられる。

◎邪馬台国《やまたいこく》…女王卑弥呼《ひみこ》が治める。239年，魏《ぎ》に朝貢《ちょうこう》し，「親魏倭王《しんぎわおう》」の称号《しょうごう》などを授《さず》けられる。「魏志《ぎし》」倭人伝《わじんでん》に記述。

⑵**大和《やまと》政権**（３世紀後半～）…大王《おおきみ》《だいおう》を中心とする豪族《ごうぞく》の連合政権。

入試ナビ 古代文明のそれぞれの文字を覚えておこう。

(3) **古墳《こふん》時代の文化**…**大仙《だいせん》（山）古墳**に代表される**前方後円墳《ぜんぽうこうえんふん》**。古墳の上や周りに**埴輪《はにわ》**。

(4) **大陸との交流**…**渡来人《とらいじん》**が漢字・儒学《じゅがく》（儒教）などを伝える→6世紀半ば，百済《くだら》《ペクチェ》から**仏教**が日本に公式に伝えられる。

☐ 4. 聖徳太子の時代と律令国家

(1) **聖徳太子《しょうとくたいし》の政治**…**冠位《かんい》十二階**の制定（603年），**十七条の憲法《けんぽう》**の制定（604年），**遣隋使《けんずいし》**の派遣《はけん》。

> **十七条の憲法**（一部要約）
> 一に曰《いわ》く，和をもって貴《たっと》しとなし，さからふ《う》ことなきを宗《むね》とせよ。
> 二に曰く，あつく三宝《さんぽう》を敬へ《うやまえ》。

(2) **飛鳥《あすか》文化**…日本最初の仏教文化。世界最古の木造建築の**法隆寺《ほうりゅうじ》**，法隆寺の**釈迦三尊像《しゃかさんぞんぞう》**・玉虫厨子《たまむしのずし》。

(3) **大化《たいか》の改新《かいしん》**…**中大兄皇子《なかのおおえのおうじ》**（のちの**天智《てんじ》天皇**）が**中臣鎌足《なかとみのかまたり》**らと蘇《そ》我《が》氏をたおして始めた政治改革（645年）。**公地・公民**の方針を示す→朝鮮《ちょうせん》半島で**白村江《はくすきのえ》《はくそんこう》の戦い**（663年）。→**壬申《じんしん》の乱**に勝利して即位《そくい》した**天武《てんむ》天皇**が**天皇中心の強い国づくり**を進める。

(4) **律令国家の成立**…701年，唐《とう》にならった**大宝《たいほう》律令**が完成。天皇を頂点として全国を支配。地方の国に国司《こくし》を派遣。九州北部に**大宰府《だざいふ》**を設置。

入試に出る最重要ポイント

☐ ① **中国文明**では，**甲骨**文字が使用されていた。

☐ ② 縄文時代の**貝塚**からは，当時の人々が食べた貝類のからや魚の骨などが出土している。

☐ ③ **邪馬台国**では，女王**卑弥呼**が政治を行っていた。

☐ ④ **聖徳太子**は**十七条の憲法**で役人の心構えを示した。

☐ ⑤ **法隆寺**は現存する世界最古の木造建築である。

II

社会［歴史］

古代と中世社会の展開

1. 奈良時代の様子

(1) 平城京《へいじょうきょう》《へいぜいきょう》…710年，唐《とう》の都長安《ちょうあん》にならって奈良に建設。

(2) 人々の負担…租《そ》・調《ちょう》・庸《よう》の税や九州北部の防衛にあたる防人《さきもり》などの兵役《へいえき》。

(3) 743年，墾田永年私財法《こんでんえいねんしざいのほう》制定→のちの荘園《しょうえん》が出現。

(4) 聖武《しょうむ》天皇の政治…仏教の力で国家を守ろうとする→都に東大寺《とうだいじ》と大仏，国ごとに国分寺《こくぶんじ》と国分尼寺《こくぶんにじ》を建てる。

(5) 遣唐使《けんとうし》の派遣《はけん》…阿倍仲麻呂《あべのなかまろ》が唐で位の高い役人になる。鑑真《がんじん》が来日。

(6) 天平《てんぴょう》文化…校倉造《あぜくらづくり》の正倉院《しょうそういん》（東大寺）。天皇・農民・防人らの和歌が収められた『万葉集《まんようしゅう》』。

2. 平安京と貴族政治

(1) 平安京《へいあんきょう》…794年，桓武天皇《かんむてんのう》が京都へ都を移す。

(2) 摂関《せっかん》政治…藤原道長《ふじわらのみちなが》・頼通《よりみち》父子のときに全盛《ぜんせい》。

(3) 国風《こくふう》文化…貴族の寝殿造《しんでんづくり》の邸宅《ていたく》。仮名文字が普及《ふきゅう》→紫式部《むらさきしきぶ》が「源氏物語《げんじものがたり》」，清少納言《せいしょうなごん》が「枕草子《まくらのそうし》」を著《あらわ》す。紀貫之《きのつらゆき》らが編集《へんしゅう》した「古今和歌集《こきんわかしゅう》」。

(4) 浄土信仰《じょうどしんこう》…平等院鳳凰堂《びょうどういんほうおうどう》や中尊寺金色堂《ちゅうそんじこんじきどう》などの阿弥陀堂《あみだどう》がつくられる。

▲平等院鳳凰堂　（平等院）

3. 院政，平氏の政治

(1) 院政《いんせい》…1086年，白河《しらかわ》天皇が上皇《じょうこう》となり，院で政治。

(2) 平氏政権…1167年，平清盛《たいらのきよもり》が武士として初めて太政大臣《だいじょうだいじん》となる→兵庫の港（大輪田泊《おおわだのとまり》）を修築して，日宋《にっそう》貿易を行う。

入試ナビ　平等院鳳凰堂は浄土信仰とからめて覚えておこう。

4. 鎌倉時代の様子

(1) **鎌倉幕府《かまくらばくふ》の成立**…1185年，**守護《しゅご》**・**地頭《じとう》**を設置→1192年，**源頼朝《みなもとのよりとも》**が**征夷大将軍《せいいたいしょうぐん》**となる→**北条氏《ほうじょう》**が**執権《しっけん》**として政治→1221年，**後鳥羽《ごとば》上皇**が**承久《じょうきゅう》の乱**を起こす。

◎将軍と**御家人《ごけにん》**…**御恩《ごおん》**と**奉公《ほうこう》**。

(2) **御成敗式目《ごせいばいしきもく》の制定**（1232年）…**北条泰時《ほうじょうやすとき》**，御家人に裁判の基準を示す。

(3) **鎌倉時代の文化**…**運慶《うんけい》**らによる**金剛力士像《こんごうりきしぞう》**。軍記物《ぐんきもの》の**「平家物語《へいけものがたり》」**。**「新古今《しんこきん》和歌集」**（藤原定家《さだいえ》《ていか》）。

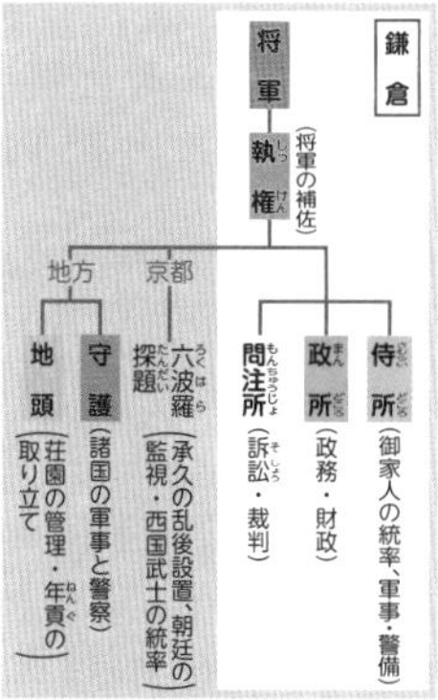

▲鎌倉幕府のしくみ

(4) **新しい仏教**…**法然《ほうねん》**が**浄土宗《じょうどしゅう》**，**親鸞《しんらん》**が**浄土真宗《じょうどしんしゅう》**，**一遍《いっぺん》**が**時宗《じしゅう》**，**日蓮《にちれん》**が**日蓮宗**（**法華《ほっけ》宗**），**栄西《ようさい》《えいさい》**が**臨済《りんざい》宗**，**道元《どうげん》**が**曹洞《そうとう》宗**を開く。

(5) **モンゴルの襲来《しゅうらい》**…第5代皇帝《こうてい》**フビライ＝ハン**の服属要求を，執権**北条時宗《ときむね》**が拒否《きょひ》→**文永《ぶんえい》の役《えき》**・**弘安《こうあん》の役**（**元寇《げんこう》**）。

(6) **鎌倉幕府の滅亡《めつぼう》**…御家人の生活苦に**徳政令《とくせいれい》**→**後醍醐《ごだいご》天皇**による倒幕《とうばく》の動き→**足利尊氏《あしかがたかうじ》**らが味方し，幕府を滅《ほろ》ぼす。

入試に出る最重要ポイント

- ① 奈良時代の人々には，**租**・**調**・**庸**の税が課せられた。
- ② **紫式部**は「源氏物語」を著した。
- ③ 1185年，**源頼朝**は，国ごとに**守護**を，荘園・公領ごとに**地頭**を設置。
- ④ **運慶**らは，東大寺南大門の**金剛力士像**をつくった。
- ⑤ **親鸞**は**浄土真宗**を開いた。

12 社会［歴史］

室町時代と戦国時代

1. 室町時代の様子

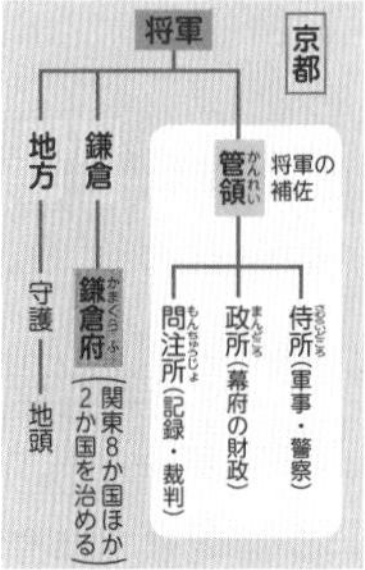

▲室町幕府のしくみ

(1) **建武《けんむ》の新政《しんせい》**…1334年，**後醍醐天皇《ごだいごてんのう》**が天皇中心の政治を開始，貴族重視の政策→**足利尊氏《あしかがたかうじ》**が挙兵→**南北朝の動乱**（**南北朝時代**）。

(2) **室町幕府《むろまちばくふ》の成立**…1338年に**足利尊氏**が京都に幕府を開く→**足利義満《よしみつ》**が南北朝を統一し，全盛期《ぜんせいき》へ。**管領《かんれい》**が将軍の補佐役《ほさやく》。

(3) **日明《にちみん》貿易**（**勘合貿易《かんごうぼうえき》**）…**足利義満**が開始。正式な貿易船に勘合という証明書をもたせ，**倭寇《わこう》**と区別。

(4) **産業の発達**…月６回開かれる**定期市《ていきいち》**，高利貸《こうりが》しの**土倉《どそう》**・**酒屋《さかや》**。商工業者は同業者組合の**座《ざ》**を結成。

▲書院造　（ゼンジ）

(5) **室町文化**…足利義満の**金閣《きんかく》**，足利義政《よしまさ》の**銀閣《ぎんかく》**。現在の和風建築のもとになった**書院造《しょいんづくり》**。**雪舟《せっしゅう》**が**水墨画《すいぼくが》**，**観阿弥《かんあみ》・世阿弥《ぜあみ》**父子が**能《のう》**（**能楽《のうがく》**）を大成。

2. 中世ヨーロッパの動き

(1) **十字軍《じゅうじぐん》**…聖地**エルサレム**の奪回《だっかい》を目指す→東西交流が進む。

(2) **ルネサンス**（文芸復興）…14世紀，**イタリア**から。**古代ギリシャ・ローマ**の文化を理想とする。

(3) **宗教改革**…1517年，**ルター**がドイツで始める→カトリックは**イエズス会**を設立し，海外布教へ。

(4) **大航海時代**…**コロンブス**や**バスコ＝ダ＝ガマ**らが新航路を開拓《かいたく》。**マゼラン**の船隊が世界一周を達成。

入試ナビ 和風建築のもとになった書院造の写真は最重要。

(5) **ヨーロッパ人の来航**…1543年，**ポルトガル人**を乗せた中国《ちゅうごく》船が**種子島**《たねがしま》（鹿児島県）に流れ着く→日本に**鉄砲**《てっぽう》が伝来。1549年，**フランシスコ＝ザビエル**が**鹿児島**に上陸→**キリスト教**が伝わる。

3. 戦国時代と天下統一

(1) **応仁**《おうにん》**の乱**（1467～1477年）…将軍**足利義政**の跡継《あとつ》ぎ争いなどが背景→幕府が無力化→戦国時代へ。

(2) **戦国大名の台頭**…**分国法**《ぶんこくほう》を制定し，領国を支配。

(3) **織田信長**《おだのぶなが》**の動き**…室町幕府を滅《ほろ》ぼす→**長篠**《ながしの》**の戦い**で武田《たけだ》氏を破る。
◎**楽市**《らくいち》・**楽座**《らくざ》の実施《じっし》…安土城下《あづちじょうか》で市《いち》の税を免除《めんじょ》。

(4) **豊臣秀吉**《とよとみひでよし》**の全国統一**…**検地**《けんち》（**太閤**《たいこう》**検地**）と**刀狩**《かたながり》で百姓《ひゃくしょう》を支配→**兵農分離**。**文禄**《ぶんろく》**の役**《えき》・**慶長**《けいちょう》**の役**《えき》の２度にわたり，朝鮮《ちょうせん》に兵を送る（**朝鮮侵略**《しんりゃく》）。

(5) **桃山**《ももやま》**文化**…安土城や大阪城など，壮大《そうだい》な**天守**《てんしゅ》をもつ城。**狩野**《かのう》**永徳**《えいとく》らがきらびやかな絵（**濃**《だみ》**絵**《え》）。**出雲**《いずも》**の阿国**《おくに》がかぶき踊《おど》り。**千利休**《せんのりきゅう》が**わび茶**を大成。

▲唐獅子図屏風《からじしずびょうぶ》右隻（狩野永徳画）
（宮内庁三の丸尚蔵館）

入試に出る 最重要ポイント

- ☐ ① **足利義満**は**日明貿易（勘合貿易）**を始めた。
- ☐ ② **雪舟**が**水墨画**，**観阿弥・世阿弥**父子が**能（能楽）**を大成した。
- ☐ ③ **豊臣秀吉**は**刀狩**を行い，百姓から武器を取り上げた。
- ☐ ④ **千利休**は**わび茶**を大成した。

13 社会［歴史］
江戸幕府の成立と発展／文化

☑ 1. 江戸幕府の成立と発展

(1) **成立**…1603年，**徳川家康**《とくがわいえやす》が江戸《えど》に幕府《ばくふ》を開く。

(2) **幕藩**《ばくはん》**体制**…将軍を中心として，幕府と藩が全国の土地と民衆を支配。

(3) **武家諸法度**《ぶけしょはっと》で大名《だいみょう》を統制…第３代将軍**徳川家光**《いえみつ》が**参勤交代**《さんきんこうたい》を制度化。

(4) **鎖国**《さこく》**の完成**…**島原**《しまばら》**・天草一揆**《あまくさいっき》（1637年）→**徳川家光**がポルトガル船の来航を禁止（1639年）→平戸《ひらど》の**オランダ商館**を長崎の**出島**《でじま》に移す（1641年）。

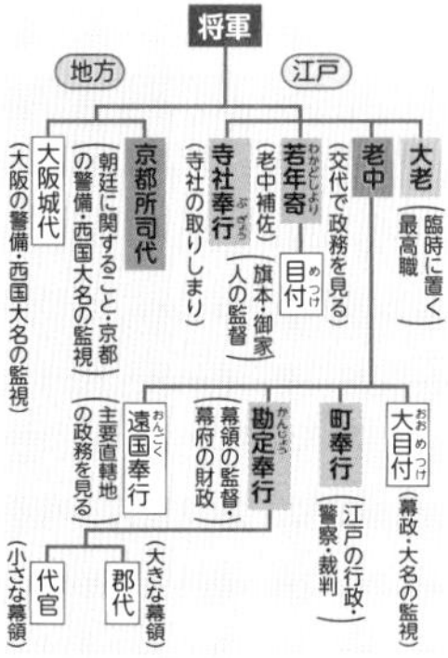

▲江戸幕府のしくみ

(5) **徳川綱吉**《つなよし》**の政治**…**生類憐**《しょうるいあわれ》**みの令**。貨幣《かへい》の質を落とす。

(6) **政治改革**

◎**享保**《きょうほう》**の改革**（1716年）…第８代将軍**徳川吉宗**《よしむね》の政治。**公事**《くじ》**方御定書**《かたおさだめがき》の制定。**目安箱**《めやすばこ》の設置。

◎**老中田沼意次**《たぬまおきつぐ》**の政治**（1772年）…**株仲間**《かぶなかま》**の結成を奨励**《しょうれい》。

◎**寛政**《かんせい》**の改革**（1787年）…老中**松平定信**《まつだいらさだのぶ》の政治。昌平坂《しょうへいざか》学問所での**朱子学**《しゅしがく》以外の講義を禁止。

◎**天保**《てんぽう》**の改革**（1841年）…老中**水野忠邦**《みずのただくに》の政治。**株仲間の解散**。

☑ 2. 産業の発達と文化

(1) **農業の発達**…**新田開発**，**農具の改良**（**備中**《びっちゅう》**ぐわ・千歯**《せんば》**こきなど**），**肥料の使用**（干鰯《ほしか》），**商品作物**の栽培《さいばい》。

(2) **三都の繁栄**《はんえい》…**江戸・大阪・京都**。大阪に諸藩の**蔵屋敷**《くらやしき》。

入試ナビ 政治改革を行った人物と政策を混同しないように。

(3) **商人の台頭**…同業者ごとの**株仲間**。**両替商《りょうがえしょう》**に経済力。

(4) **交通の発達**…**五街道《ごかいどう》**。**東廻《ひがしまわ》り航路**・**西廻《にしまわ》り航路**。大阪から江戸への**南海路**。

(5) **教育の広がり**…諸藩は**藩校《はんこう》**で人材育成。庶民《しょみん》は**寺子屋《てらこや》**で読み・書き・そろばん。

▲都市と交通の発達

(6) **学問の発達**…**本居宣長《もとおりのりなが》**が**国学《こくがく》**を大成。**蘭学《らんがく》**では前野良沢《まえのりょうたく》・杉《すぎ》田玄白《たげんぱく》らが**『解体新書《かいたいしんしょ》』**，**伊能忠敬《いのうただたか》**が正確な日本地図。

(7) **江戸時代の文化**

◎**元禄文化《げんろくぶんか》**…上方《かみがた》で発達。**井原西鶴《いはらさいかく》**の浮世草子《うきよぞうし》，**松尾芭蕉《まつおばしょう》**の『奥《おく》の細道《ほそみち》』，**近松門左衛門《ちかまつもんざえもん》**の人形浄瑠璃《にんぎょうじょうるり》，菱川師宣《ひしかわもろのぶ》の**浮世絵《うきよえ》**。

◎**化政文化《かせいぶんか》**…江戸で発達。**十返舎一九《じっぺんしゃいっく》**が小説，美人画の**喜多川《きたがわ》歌麿《うたまろ》**，風景画の**歌川《うたがわ》（安藤《あんどう》）広重《ひろしげ》**・**葛飾北斎《かつしかほくさい》**が錦絵《にしきえ》。

3. 外国船の来航と幕府批判の高まり

(1) **外国船の来航**…ロシア・イギリス・アメリカの船が日本に接近→**異国船打払令《いこくせんうちはらいれい》**（1825年）を出す。

(2) **農村の変化**…貧富《ひんぷ》の差の拡大。**百姓一揆《ひゃくしょういっき》**・**打ちこわし**の増加。

(3) **大塩《おおしお》の乱（大塩平八郎《へいはちろう》の乱）**…1837年，**大阪**で起こる。

入試に出る最重要ポイント

- ① 徳川家光は**参勤交代**を制度化した。
- ② 徳川吉宗が**享保の改革**を行った。
- ③ **松尾芭蕉**は**『奥の細道』**を著《あらわ》した。
- ④ 前野良沢・**杉田玄白**らは**『解体新書』**を出版し，**蘭学**の基礎《きそ》を築く。

14 社会［歴史］
江戸幕府の滅亡と明治維新

1. 市民革命とヨーロッパの世界進出

(1) **市民革命**…イギリスの**名誉《めいよ》革命**で「**権利《けんり》(の)章典《しょうてん》**」，**アメリカ独立戦争**で「**独立宣言**」，**フランス革命**で「**人権宣言**」を発表。

(2) **産業革命**…18世紀に**蒸気機関**を改良→イギリスで綿《めん》工業から産業革命が始まる→**資本主義**社会が成立→貧富《ひんぷ》の差が生じる→マルクスらが**社会主義**を説く。

(3) **ヨーロッパのアジア侵略《しんりゃく》**…**アヘン戦争**でイギリスが清《しん》（中国《ちゅうごく》）を破る→不平等な**南京《ナンキン》条約**を締結《ていけつ》。イギリスが**インド大反乱**をしずめ，インドを直接支配。

2. 日本の開国と江戸幕府の滅亡

(1) **開国**…1853年，アメリカの**ペリー**が**浦賀《うらが》**に来航。翌年，**日米和親条約《にちべいわしんじょうやく》**を結び，**下田《しもだ》**と**函館《はこだて》**を開港。

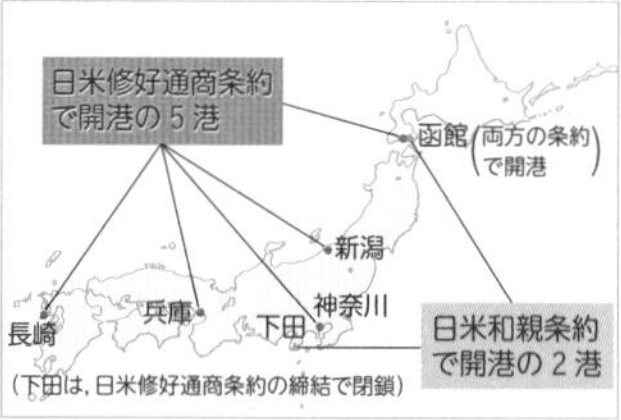

▲２つの条約による開港地

(2) **日米修好《しゅうこう》通商条約**（1858年）…５港を開港。アメリカの**領事裁判権《りょうじさいばんけん》（治外法権《ちがいほうけん》）**を認め，日本に**関税自主権がない**日本に不平等な条約。

(3) **江戸幕府の滅亡《めつぼう》**

◎**尊王攘夷《そんのうじょうい》運動**の高まり→**安政《あんせい》の大獄《たいごく》**→倒幕《とうばく》運動へ。

◎1867年，**徳川慶喜《とくがわよしのぶ》**の**大政奉還《たいせいほうかん》**で江戸幕府滅亡→朝廷は**王政復古の大号令**を出す。1869年，新政府が**戊辰《ぼしん》戦争**に勝利。

3. 明治維新と文明開化

(1) **五箇条《ごかじょう》の御誓文《ごせいもん》**…新しい政府の方針。

入試ナビ 幕末に結ばれた２つの条約と開港地をおさえておこう。

(2) **中央集権国家の確立**…**版籍奉還《はんせきほうかん》**と**廃藩置県《はいはんちけん》**を行う。

(3) **富国強兵《ふこくきょうへい》**…国力の向上と軍隊の増強を目指す。

(4) **三大改革**…**学制《がくせい》**の公布・**徴兵令《ちょうへいれい》**（兵制《へいせい》）・**地租改正《ちそかいせい》**（税制《ぜいせい》）。

(5) **文明開化**と**殖産興業《しょくさんこうぎょう》**…**福沢諭吉《ふくざわゆきち》**が『**学問のすゝ《す》め**』を著《あらわ》す。**富《とみ》岡《おか》製糸場**などの**官営模《も》範《はん》工場**を建設。

(6) **外交**…**岩倉《いわくら》使節団**を欧米へ派遣《はけん》。ロシアと**樺太《からふと》・千島交換《ちしまこうかん》条約**。朝鮮《ちょうせん》と**日朝《にっちょう》修好条規**。

□ 4. 自由民権運動と国会の開設

(1) **自由民権運動**…1874年，**板垣退助《いたがきたいすけ》**らが**民撰議院設立《みんせんぎいんせつりつ》の建白書《けんぱくしょ》**を提出→板垣退助らが**自由党**，大隈重信《おおくましげのぶ》らが**立憲改進党《りっけんかいしんとう》**を結成。

(2) **内閣制度**…**伊藤博文《いとうひろぶみ》**が初代**内閣総理大臣**（首相）に就任。

(3) **大日本帝国《ていこく》憲法**…**伊藤博文**が**ドイツ（プロイセン）**の憲法をもとに，草案を作成。天皇《てんのう》が国の元首として統治。

(4) **帝国議会の開設**（1890年）…**貴族院**と**衆議院**の二院制。**満25歳《さい》以上の男子**で，１年に直接国税を**15円以上**納める者に選挙権。

▲大日本帝国憲法の発布式典

（聖徳記念絵画館）

入試に出る 入試に出る最重要ポイント

□ ① **フランス革命**では「**人権宣言**」が発表された。

□ ② **日米和親条約**によって，**下田**と**函館**が開港された。

□ ③ **日米修好通商条約**は，相手国の領事裁判権を認め，日本に関税自主権がない不平等な条約であった。

□ ④ **福沢諭吉**は『**学問のすゝめ**』を著した。

□ ⑤ **板垣退助**らは**民撰議院設立の建白書**を政府に提出した。

15 社会[歴史]

日清・日露戦争と大正デモクラシー

1. 不平等条約の改正と日清・日露戦争

(1) **不平等条約の改正**…**陸奥宗光《むつむねみつ》**がイギリスとの間で**領事裁判権《りょうじさいばんけん》（治外法権）の撤廃《てっぱい》**に成功。**小村寿太郎《こむらじゅたろう》**がアメリカとの間で**関税自主権の完全回復**に成功。

(2) **日清《にっしん》戦争**（1894～1895年）…朝鮮《ちょうせん》南部で甲午《こうご》農民戦争→日本と清が出兵し，日清の軍隊が衝突《しょうとつ》して開戦→日本が勝利し，**下関《しものせき》条約**を締結《ていけつ》。

(3) **日露《にちろ》戦争**（1904～1905年）…**義和《ぎわ》団《だん》事件**や**日英《にちえい》同盟**で日露が対立を深めて開戦→アメリカの仲介《ちゅうかい》によって**ポーツマス条約**を締結。

! 知っトク情報

下関条約

下関条約で日本は遼東《りょうとう》《リアオトン》半島や台湾《たいわん》などを手にした。しかし，ロシア・フランス・ドイツの三国干渉によって，日本は清へ遼東半島を返還《へんかん》した。

(4) **東アジアの動き**…1910年，日本は韓国《かんこく》を併合《へいごう》（**韓国併合**）。1911年，中国で**辛亥革命《しんがいかくめい》**→1912年，**中華民国《ちゅうかみんこく》**の建国を宣言。

2. 第一次世界大戦と国際連盟の設立

(1) **第一次世界大戦**…1914年のサラエボ事件をきっかけに開戦。日本は**日英同盟を理由に連合国側で参戦**→1918年の同盟国側の降伏《こうふく》で終結→1919年，**パリ講和《こうわ》会議**で，ドイツは**ベルサイユ条約**に調印。

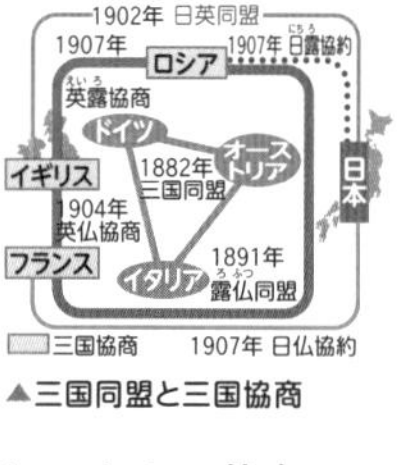

▲三国同盟と三国協商

(2) **ロシア革命**…**レーニン**らが社会主義政府をつくる→革命への干渉《かんしょう》戦争(**シベリア出兵《しゅっぺい》**)→**ソビエト社会主義共和国連邦《れんぽう》**の成立。

(3) **国際連盟《れんめい》の設立**…1920年，アメリカの**ウィルソン大統領《だいとうりょう》**の提案で設立→アメリカは不参加。

入試ナビ 日清・日露戦争の講和条約を混同しないように。

(4) **アジアの民族運動**…第一次世界大戦中，日本が中国に**二十一か条の要求**→**五《ご》・四《し》運動**が起こる。朝鮮で**三《さん》・一《いち》独立運動**。インドでは**ガンディー**の指導で**非暴力・不服従**の抵抗《ていこう》運動。

> 一．中国政府は山東《さんとう》《シャントン》省におけるドイツの権益を日本に譲《ゆず》る。
> 一．旅順《りょじゅん》《リュイシュン》や大連《だいれん》《ターリエン》の租借《そしゃく》期限，南満州鉄道の利権の期限を，さらに99か年ずつ延長《えんちょう》する。

▲二十一か条の要求（一部要約）

3. 大正デモクラシーの進展

(1) **第一次護憲《ごけん》運動**…**尾崎行雄《おざきゆきお》**らが藩閥《はんばつ》中心の政治を批判《ひはん》→**吉野《よしの》作造《さくぞう》**が**民本《みんぽん》主義**を唱える。

(2) **大戦景気**…日本は第一次世界大戦によって好景気に→**財閥《ざいばつ》**の成長・**成金《なりきん》**の出現。

(3) **米騒動《こめそうどう》**…**シベリア出兵**をみこした米商人らによる米の買い占《し》め→富山県の漁村で米の安売りを求める騒動が起こり，全国に広がる。鎮圧《ちんあつ》後内閣が退陣《たいじん》→**原敬《はらたかし》**が**日本初の本格的な政党内閣を組織**。

(4) **第二次護憲運動**…政党内閣や普通《ふつう》選挙を求める運動→**普通選挙法**が成立し，**満25歳《さい》以上のすべての男子**に選挙権→同時に**治安維持法《ちあんいじほう》**が成立。

入試に出る最重要ポイント

- ☐ ① **小村寿太郎**はアメリカとの間で，**関税自主権の回復**に成功した。
- ☐ ② 1919 年，中国で反日の**五・四運動**が起こった。
- ☐ ③ **吉野作造**は**民本主義**を唱え，政党中心の議会政治の実現を主張した。
- ☐ ④ 1925 年，**普通選挙法**と同時に**治安維持法**が成立した。

16 社会[歴史]

世界恐慌と第二次世界大戦

□ 1. 世界恐慌と日本の中国侵略

(1) **世界恐慌《きょうこう》**…1929年，アメリカの**ニューヨーク**の株式市場で株価が大暴落《だいぼうらく》→恐慌は世界中に拡大→アメリカの**ローズベルト大《だい》統領《とうりょう》**が**ニューディール**（新規まき直し）政策，イギリスやフランスは**ブロック経済《けいざい》**を実施《じっし》。

(2) **ファシズムの台頭**…1922年，イタリアで**ムッソリーニ**率いる**ファシスト党**が政権を獲得《かくとく》。1933年，ドイツで**ナチス**党首《とうしゅ》の**ヒトラー**が首相になり，一党独裁→国際連盟の脱退《だったい》，再軍備宣言。

(3) **満州事変《まんしゅうじへん》**…1931年，日本の関東軍が**柳条湖《りゅうじょうこ》《リウティアオフー》**で**南満州鉄道**の線路を爆破《ばくは》→翌年，**満州国**建国を宣言→国際連盟は満州国を認めず，日本が**国際連盟を脱退**（1933年）。

(4) **軍部の台頭**…**五《ご》・一五《いちご》事件**（1932年５月15日）で，**犬養毅《いぬかいつよし》**首相を暗殺。**二《に》・二六《にろく》事件**（1936年2月26日）で有力政治家を殺傷→以後，軍部の政治的発言力が強まる。

▲犬養毅

（国立国会図書館）

(5) **日中戦争**…1937年，**盧溝橋《ろこうきょう》《ルーコウチアオ》**で日中両国軍が武力で衝突《しょうとつ》し，開戦→日本軍が首都南京《ナンキン》を占領《せんりょう》。

(6) **戦時下の日本**…**国家総動員法**（1938年）で国民・物資を動員。**大政翼賛会《たいせいよくさんかい》**（1940年）の結成で国民を統制。

□ 2. 第二次世界大戦と太平洋戦争

(1) **第二次世界大戦**

◎始まり…1939年，ドイツが**ポーランド**に侵攻《しんこう》→イギリス・フランスがドイツに宣戦→大戦の始まり。

入試ナビ 満州事変から日中戦争までの流れを理解しておこう。

◎経過…1940年，**日本・ドイツ・イタリア**が**日独伊三国同盟**を締結《ていけつ》（**枢軸《すうじく》国**）→アメリカ・イギリスが**大西洋憲章《たいせいようけんしょう》**を発表し，反ファシズムで団結（**連合国**）。

▲ヨーロッパの戦争

(2) **太平洋戦争**

◎背景…日本がフランス領インドシナに侵攻。日独伊三国同盟を締結→アメリカと対立。

◎始まり…1941年12月，日本軍がハワイの**真珠湾《しんじゅわん》**のアメリカ軍基地などを攻撃《こうげき》し，開戦。

◎国民生活…**学徒出陣《がくとしゅつじん》・勤労《きんろう》動員**などで，兵力と労働力を確保。空襲《くうしゅう》の激化で小学生は農村に集団で**疎開《そかい》（学童疎開）**。

(3) **戦争の終結**…1943年にイタリア，1945年5月にドイツが降《こう》伏《ふく》。1945年3月，アメリカ軍が沖縄に上陸。1945年7月，**ポツダム宣言**を発表→アメリカが8月6日に**広島**，8月9日に**長崎**に**原子爆弾《ばくだん》**を投下。8月8日に**ソ連が日ソ中立条約を破って日本に宣戦布告**。→日本がポツダム宣言を受け入れ，降伏。

入試に出る最重要ポイント

- ☐ ① **世界恐慌**対策としてイギリスとフランスは，**ブロック経済**を行った。
- ☐ ② ドイツでは，**ナチス**党首の**ヒトラー**が首相になり，一党独裁を行った。
- ☐ ③ **満州事変**のあと，日本は**国際連盟**を脱退した。
- ☐ ④ **五・一五事件**で**犬養毅**首相が暗殺された。
- ☐ ⑤ アメリカ軍が，**広島**と**長崎**に**原子爆弾**を投下した。

17 社会［歴史］

戦後の日本と国際社会

1. 日本の民主化と独立の回復

(1)**連合国軍の占領《せんりょう》**…マッカーサーを最高司令官とする**連合国軍最高司令官総司令部（GHQ《ジーエイチキュー》）**が日本を間接統治。

(2)**日本の民主化**…選挙法の改正→満20歳《さい》以上のすべての男女に選挙権。**財閥《ざいばつ》解体**・**農地改革**。**日本国憲法**の制定。

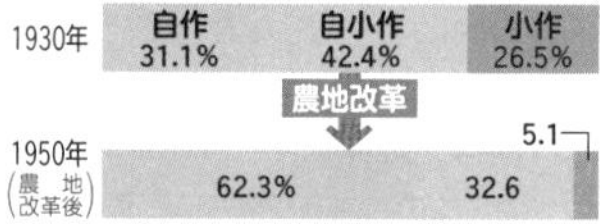

▲農地改革による農家数の変化

(3)**独立の回復**…1951年，**サンフランシスコ平和条約**に調印→同日，**日米安全保障条約**を締結→翌年，日本が独立を回復。

(4)**日本の外交**…**日ソ共同宣言**（1956年）で，ソ連との国交が回復→日本の**国際連合加盟**が承認《しょうにん》。**日韓《にっかん》基本条約**（1965年）で，韓国と国交正常化。**日中共同声明**（1972年）で，中国との国交正常化→1978年に**日中平和友好条約**を締結《ていけつ》。

(5)**日本の経済**…1950年代後半から**高度経済成長**→1973年の**石油危機（オイル・ショック）**で終結。

2. 冷戦下の世界

(1)**国際連合の設立**…**総会**・**安全保障理事会**が中心。

(2)**冷たい戦争（冷戦）**…アメリカ中心の**資本主義**諸国（西側陣《じん》営《えい》）と，ソ連中心の**社会主義**諸国（東側陣営）が対立。

(3)**アジア・アフリカの動き**…冷戦の影響《えいきょう》で，**朝鮮《ちょうせん》戦争**が勃発《ぼっぱつ》（1950～1953年）。1949年，**毛沢東《もうたくとう》《マオツォトン》**の率いる中国共産党が**中《ちゅう》華《か》人民共和国**を建国。1955年の**アジア・アフリカ会議**で，平和十原則を宣言。

入試ナビ　日ソ共同宣言と日本の国連加盟の関係を理解しておこう。

3. 冷戦終結とその後の世界

(1) **冷戦の終結**…1989年11月，**ベルリンの壁《かべ》**が崩壊《ほうかい》。同年12月，米ソの首脳が**マルタ会談**で**冷戦の終結**を宣言→1990年，**東西ドイツが統一**→1991年，**ソ連が解体**。

(2) **地域紛争《ふんそう》の発生**…民族・宗教・文化の違《ちが》い→紛争・テロリズム・難民の発生→国連の**平和維持《いじ》活動（PKO《ピーケーオー》）**，民間の**非政府《ひせいふ》組織（NGO《エヌジーオー》）**の活動。

(3) **日本の国際貢献《こうけん》**…1992年，**国際平和協力法（PKO協力法）**が成立→カンボジアに**自衛隊《じえいたい》**を派遣《はけん》。

(4) **日本国内の動き**

◎政治の動き…1993年に非自民党の連立内閣《ないかく》が成立し，**55年体制**が崩壊《ほうかい》。

◎経済の動き…1980年代末，**バブル経済**と呼ばれる好景気→1991年，バブル経済が崩壊し，長期にわたる平成不況《へいせいふきょう》→2008年，**世界金融《きんゆう》危機**が発生→2020年，新型コロナウイルス感染症《かんせんしょう》の流行で経済に打撃《だげき》。

! 知っトク情報

日本のPKO

1992年のカンボジア以降，モザンビーク・ゴラン高原・東ティモール・南スーダンなどでのPKOに自衛隊が派遣されている。

入試に出る 入試に出る最重要ポイント

- ① 戦後，日本はマッカーサーを最高司令官とする**連合国軍最高司令官総司令部（GHQ）**に統治された。
- ② 日本は**日中共同声明**で中国との国交を正常化した。
- ③ **サンフランシスコ平和条約**調印と同日，日本はアメリカと**日米安全保障条約**を結んだ。
- ④ ベルリンの壁が崩壊し，**東西ドイツ**が統一された。

18

社会[公民]

人権思想／国民主権と基本的人権

□ 1. 現代の日本とグローバル化

(1)**グローバル化**…世界が結びつきを強めて一体化。**国際競争**や**国際分業**が進む→国際協力。**多文化共生**の社会づくり。

(2)**情報化**…背景に**情報通信技術**(**ICT**《アイシーティー》)の急速な発展→**情報リテラシー**・**情報モラル**が求められる。**人工知能**(**AI**《エーアイ》)の活用。

(3)**少子高齢《こうれい》化**…背景に**合計特殊《とくしゅ》出生率**の低下など。生産年齢人口が減少→**社会保障の費用が増加**→**国民の経済的負担が増加**。

□ 2. 人権思想の発達と日本の憲法

(1)**人権思想**…**ロック**が『統治二論《とうちにろん》』で**基本的人権**，**モンテスキュー**が『法の精神』で**三権分立**，**ルソー**が『社会契約論《けいやくろん》』で**人民主権**を説く。

(2)**大日本帝国憲法《ていこくけんぽう》**(1889年発布)…主権者は**天皇《てんのう》**。国民の権利は，**法律の範囲《はんい》内**で認める。

(3)**日本国憲法**(1946年公布)…国の**最高法規**。**国民主権・基本的人権の尊重・平和主義**の３つの基本原理。

> **！知っトク情報**
>
> **日本国憲法の改正の手続き**
>
> 改正には，各議院の総議員の３分の２以上の賛成で国会が発議→国民投票で過半数の賛成→天皇が公布。

□ 3. 国民主権と平和主義

(1)**国民主権**…国の政治のあり方を最終的に決める権限(主権)は**国民**にある。

(2)**天皇の地位**…天皇は日本の国と日本国民全体の**象徴《しょうちょう》**で，**内閣の助言と承認《しょうにん》**により，憲法に定める**国事行為《こうい》**だけを行う。

(3)**平和主義**…日本国憲法第**９**条で，**戦争の放棄《ほうき》・戦力の不保持・交戦権の否認《ひにん》**を定める。

入試ナビ 自由権のそれぞれの内容をしっかり理解しておこう。

4. 基本的人権と国民の義務

(1)**基本的人権**…国家権力も奪《うば》うことができない**不可侵《ふかしん》**の権利で，永久の権利。**公共の福祉《ふくし》**により制限される。

(2)**基本的人権の種類**

◎**平等権**…差別を受けずに，誰《だれ》もが平等な扱《あつか》いを受ける権利。**法の下《もと》の平等・個人の尊厳《そんげん》と両性の本質的平等**。

◎**自由権**…**身体の自由・精神の自由・経済活動の自由**。

◎**社会権**…人間らしい生活の保障を求める権利。**生存権**(第25条)・教育を受ける権利・勤労の権利・**労働基本権(労働三権)**。

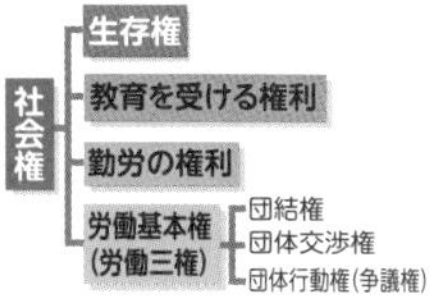

▲社会権の内容

(3)**人権を守るための権利**…**参政権**・**請求権**（**国家賠償《ばいしょう》請求権**・**刑事補償《けいじほしょう》請求権**）など。

(4)**国民の義務**…子どもに**普通《ふつう》教育を受けさせる**義務・**勤労**の義務・**納税**の義務。

(5)**新しい人権**…住みやすい環境《かんきょう》を求める**環境権**，自分の生き方を自由に決定する**自己決定権**。情報公開を求める**知る権利**。私生活や個人の情報を守る**プライバシーの権利**。

入試に出る 入試に出る最重要ポイント

- ① 日本国憲法の３つの基本原理は，**国民主権**・**基本的人権の尊重**・**平和主義**である。
- ② **平和主義**は，日本国憲法の前文と**第９条**に定められている。
- ③ **生存権・教育を受ける権利**は**社会権**に属する。
- ④ 国民の義務は，子どもに**普通教育を受けさせる義務・勤労の義務・納税の義務**である。

19 社会［公民］

国会／内閣／裁判所

1. 国会のしくみ

(1)**地位**…国権の最高機関で，**唯一《ゆいいつ》の立法《りっぽう》機関**。

(2)**種類**……**常会(通常国会)・特別会(特別国会)・臨時会(臨時国会)，緊急《きんきゅう》集会**。

衆議院		参議院
465名	議員数	248名
4年(解散あり)	任期	6年(解散なし)
満25歳以上	被選挙権	満30歳以上
小選挙区 289人 比例代表 176人	選挙区	選挙区 148人 比例代表 100人

▲衆議院と参議院

(3)**選挙のしくみ**…衆議院《しゅうぎいん》議員総選挙は**小選挙区制**(289名)と**比例代表制**(176名)。参議院《さんぎいん》議員選挙は**選挙区制**(148名)と**比例代表制**(100名)。

(4)**衆議院の優越《ゆうえつ》**…衆議院は，**法律案の議決・予算の議決**・条約の承認・内閣総理大臣の指名において，参議院よりも強い権限をもつ。

◎衆議院のみに認められている権限…予算の先議権，**内閣信任・不信任の決議権**。

(5)**「衆議院の優越」が認められている理由**…衆議院は参議院より**任期が短く，解散もある**ので，**国民の意見をより反映している**と考えられるため。

2. 内閣のしくみ

(1)**内閣と国会の関係**

◎**内閣総理大臣**(首相《しゅしょう》)は**国会議員**の中から**国会が指名**し，**天皇が任命**。

◎**国務《こくむ》大臣**は，内閣総理大臣が任命。**過半数は国会議員**の中から選ぶ。

◎衆議院で**内閣不信任案《ふしんにんあん》**が可決されれば，内閣は**10日以内に衆議院を解散**するか**総辞職**する。

入試ナビ 三権分立における三権の役割をおさえておこう。

⑵**内閣の仕事**

◎天皇の国事行為《こくじこうい》に対し，**助言**と**承認**《しょうにん》を与《あた》える。

◎**最高裁判所長官を指名**し，その他の裁判官を任命。

◎国会の召集《しょうしゅう》や衆議院の解散を決定する。

3. 裁判所と裁判のしくみ

⑴**裁判所の種類**…司法権の最高機関である**最高裁判所**と，下級裁判所(**高等裁判所・地方裁判所・家庭裁判所・簡易裁判所**)。

⑵**裁判所と裁判官の地位**…裁判所や裁判官は他の権力から，圧力や干渉《かんしょう》を受けない(**司法権の独立**)。裁判官は，自己の**良心**に従《したが》って独立して裁判を行い，**憲法**と**法律**《ほうりつ》にのみ拘束《こうそく》される。

⑶**三審制**《さんしんせい》…**控訴**《こうそ》・**上告**《じょうこく》して３回まで裁判を受けられるしくみ。

⑷**裁判の種類**…個人や企業《きぎょう》の対立についての**民事裁判**。被告人《ひこくにん》の犯罪を裁く**刑事裁判**《けいじ》。

⑸**司法制度改革**…**法テラス**。被害者《ひがいしゃ》参加制度。国民が刑事裁判に参加する**裁判員制度**。

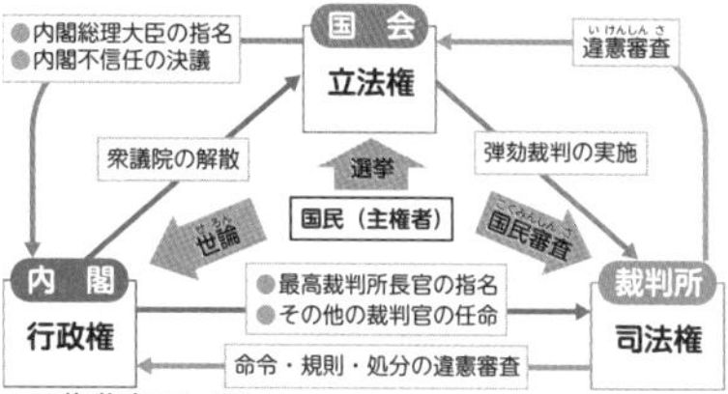

▲三権分立のしくみ

入試に出る 入試に出る最重要ポイント

☐ ① 国会には，**常会**・**特別会**・**臨時会**がある。

☐ ② 衆議院議員総選挙では，**小選挙区制**と**比例代表制**が組み合わされている。

☐ ③ 国務大臣の過半数は**国会議員**の中から選ばれる。

☐ ④ **最高裁判所長官**を指名するのは**内閣**である。

☐ ⑤ 個人や企業の対立を裁くのが**民事裁判**，犯罪を裁くのが**刑事裁判**。

20 社会[公民]
地方自治／経済／企業のはたらき

1. 地方自治のしくみ

(1)**地方自治**…住民自らの意思と責任で地域の政治を行うこと→地方自治は「**民主主義の学校**」と呼ばれている。

(2)**地方財政**…歳入《さいにゅう》と歳出《さいしゅつ》からなる。歳入には，住民から徴収《ちょうしゅう》する**地方税**，借金である**地方債《ちほうさい》**，国からの**国庫支出金**と**地方交付税交付金**などがある。

(3)**直接請求権《せいきゅうけん》**…住民が一定数の署名を集めて，**首長や議員の解職請求**(**リコール**)や，**条例の制定・改廃《かいはい》**の請求などを行う権利。**直接民主制のしくみ**を取り入れた権利。

<table>
<tr><th>種　類</th><th>必要な署名数</th><th>請求先</th></tr>
<tr><td>条例の制定・改廃</td><td rowspan="2">有権者の50分の1以上</td><td>首《しゅ》　長《ちょう》</td></tr>
<tr><td>監《かん》　査《さ》</td><td>監査委員</td></tr>
<tr><td>首長・議員の解職</td><td rowspan="2">有権者の3分の1以上</td><td rowspan="2">選挙管理委員会</td></tr>
<tr><td>議会の解散</td></tr>
</table>

▲住民の直接請求権

※有権者が40万人以内の場合。

(4)**住民参加**…**住民投票**や**オンブズマン制度**など。

2. 経済のしくみ

(1)**市場《しじょう》経済のしくみ**

◎**市場価格**…市場で消費者が買おうとする量(**需要《じゅよう》量**)と，生産者が売ろうとする量(**供給《きょうきゅう》量**)の関係によって決まる→需要量と供給量がつり合ったときの価格を**均衡《きんこう》価格**という。

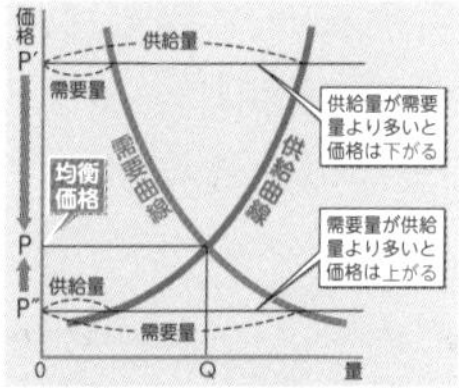

▲需要量と供給量と価格の関係

(2)**さまざまな価格，物価とインフレ**

◎**独占《どくせん》価格・寡占《かせん》価格**…少数の企業《きぎょう》が一方的に決める価格→価格が高く，消費者に不利→**公正取引《とりひき》委員会**が**独占禁止法**に基《もと》づいて監視《かんし》や指導にあたる。

入試ナビ　市場価格の決まり方をしっかり理解しておこう。

◎**公共料金**…鉄道・バスの運賃，電気・ガス・水道の料金。国会や政府・地方公共団体が決定・認可《にんか》。

(3)**インフレーション(インフレ)**…**物価**が継続的《けいぞくてき》に**上昇**《じょうしょう》して，**貨幣**《かへい》**の価値が下がること**。

(4)**デフレーション(デフレ)**…**物価**が継続的に**下落**して，**貨幣の価値が上がること**。

3. 企業の種類と株式会社

(1)**企業の種類**…**公企業**と**私企業**がある。私企業は，利潤《りじゅん》の追求を最大の目的とする。

(2)**株式会社のしくみ**…資本金を少額の**株式**に分けて広く出資者を募《つの》り，**多くの人から資金を集める**。株式を購入《こうにゅう》した**株主**は，**株主総会**に出席して議決に参加する権利や，**利潤の一部**を**配当**として受け取るなどの権利が認められている。

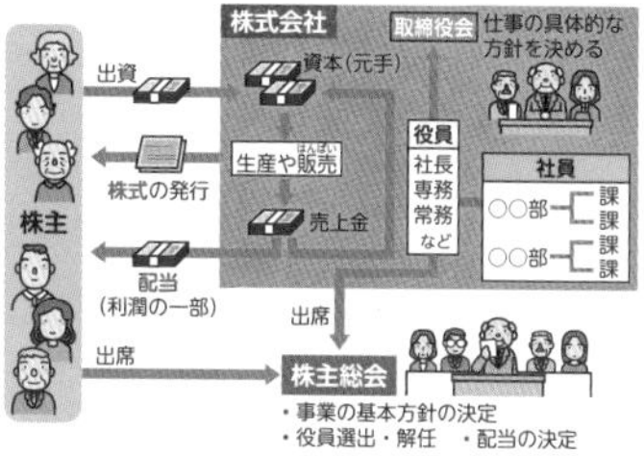

▲株式会社のしくみ

入試に出る最重要ポイント

- □ ① 地方議会の解散を請求することを**解散請求**という。
- □ ② **市場価格**は，**需要量**と**供給量**の関係によって決まる。
- □ ③ **公正取引委員会**は独占禁止法を運用し，**独占価格**を取り締《し》まっている。
- □ ④ **インフレーション**は物価が継続的に**上昇**する現象である。
- □ ⑤ 私企業は**利潤の追求**を最大の目的とする。

21 社会［公民］

金融と財政／景気変動／社会保障

1．金融と為替相場

(1)**金融**《きんゆう》…個人（家計）や企業《きぎょう》の間で資金を貸し借り（融通《ゆうずう》）すること。**直接金融**，**間接金融**。**銀行**など金融機関が仲立ち。

(2)**日本銀行の役割**…日本の中央銀行。**発券銀行**・**政府の銀行**・**銀行の銀行**の役割。

◎**金融政策**…通貨量を調整し，物価や景気の安定を図《はか》る。

(3)**為替相場**《かわせそうば》**（為替レート）**…ある国の通貨をほかの国の通貨と交換《こうかん》するときの交換比率。

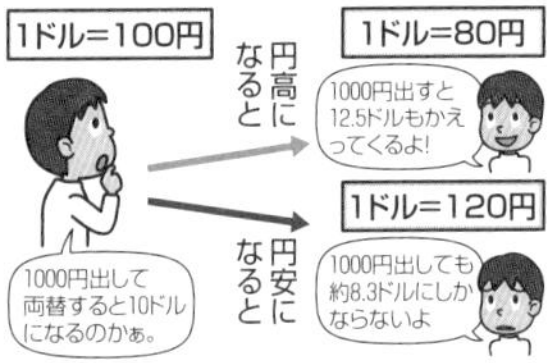

1ドル=100円
1000円出して両替すると10ドルになるのかぁ。
円高になると
1ドル=80円
1000円出すと12.5ドルもかえってくるよ!
円安になると
1ドル=120円
1000円出しても約8.3ドルにしかならないよ

◎**円高**…外国通貨に対して**円の価値が上がる**こと。一般に輸入品は安くなるが，輸出品は高くなり，**輸出**は不利。

◎**円安**…外国通貨に対して**円の価値が下がる**こと。一般に輸入品は高くなるが，輸出品は安くなり，**輸出**は有利。

2．財政と景気のしくみ

(1)**財政支出（歳出**《さいしゅつ》**）**…**社会保障関係費**・**国債**《こくさい》**費**・**地方交付税交付金**の割合が高い。

(2)**財政収入（歳入**《さいにゅう》**）**…租税《そぜい》・印紙収入・公債《こうさい》金からなる。

	直接税（税金を納める人と負担する人が同じ税）	間接税（税金を納める人と負担する人が異なる税）
国税（国に納める税）	**所得税**・法人税・相続税など	**消費税**・関税・揮発油《きはつゆ》税・酒税・たばこ税など
地方税（地方公共団体に納める税）	（都）道府県民税・市（区）町村民税，固定資産税など	地方消費税・入湯税など

▲租税の種類

入試ナビ 国の歳出では何の割合が高いのかおさえておこう。

◎**税金の公平性**…所得税や相続税などで，**課税対象額が多いほど税率を高くする累進課税**《るいしん》を導入。

(3)**景気変動**(景気循環《じゅんかん》)…**好景気(好況《こうきょう》)**と**不景気(不況《ふきょう》)**を交互《こうご》にくり返す→国(政府)は公共事業や増減税などによって，景気を調整(**財政政策**)。

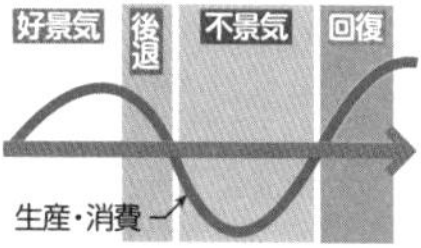

▲景気変動

3. 社会保障のしくみ

(1)**社会保障制度**…社会全体で助け合って安定した生活を実現するしくみ。日本国憲法**第25条**の**生存権**に基《もと》づく。

(2)**日本の社会保障制度の種類**…**社会保険・公的扶助**《ふじょ》**(生活保護)・社会福祉**《ふくし》**・公衆衛生**。

(3)**社会保障の課題**…**少子高齢社会**の到来《とうらい》→保険料や税金を納める**若い世代の負担**《ふたん》**が増加**。

4. 公害の発生と環境保全

(1)**四大公害病**…**水俣**《みなまた》**病・イタイイタイ病・四日市**《よっかいち》**ぜんそく・新潟水俣病**。

(2)公害対策…公害対策基本法を発展させた**環境**《かんきょう》**基本法**の制定。

(3)**循環**《じゅんかん》**型社会へ向けた取り組み**…**3R**(Reduce《リデュース》・Reuse《リユース》・Recycle《リサイクル》)を推進。

入試に出る最重要ポイント

- ① **日本銀行**は，発券銀行・**政府の銀行**・銀行の銀行の役割がある。
- ② 通貨と通貨の交換比率を**為替相場(為替レート)**という。
- ③ **円高**は，一般に輸出に不利である。
- ④ **社会保障制度**は，社会保険・公的扶助・社会福祉・**公衆衛生**からなる。

22 社会［公民］

国際社会と世界の平和

1. 国際連合(国連)と国際社会

(1)国連のしくみ

◎**総会**…全加盟国の代表で構成。**多数決制**が原則。

◎**安全保障理事会(安保理《あんぽり》)**…アメリカ・ロシア・イギリス・フランス・中国の5か国からなる**常任理事国**と，10か国からなる**非常任理事国**で構成。常任理事国は**拒否《きょひ》権**をもつ。

◎**経済社会理事会**…専門機関と連《れん》携《けい》して国際協力。

◎**UNESCO《ユネスコ》(国連教育科学文化機関)**…文化・教育の振興《しんこう》に取り組む。

◎**WHO《ダブリュエイチオー》(世界保健機関)**…感染症《かんせんしょう》などへの対策。

◎**UNICEF《ユニセフ》(国連児童基金)**…子どもたちの権利を守る。

▲主な専門機関とその他の機関

(2)**国連の活動**…国連の**平和維持活動(PKO《ピーケーオー》)**，**持続可能な開発目標(SDGs《エスディージーズ》)**の採択《さいたく》など。

2. グローバル化と新たな戦争

(1)**グローバル化の進展**…各国が他国との関係なしでは成り立たない相互依存《そうごいそん》の関係に→各地で**地域主義(地域統合)**の動き。

(2)**地域主義の動き**…**ヨーロッパ連合(EU《イーユー》)**，**東南アジア諸国連合(ASEAN《アセアン》)**，**アジア太平洋経済協力会議(APEC《エイペック》)**，**環《かん》太平洋経済連携協定（TPP11）**など。

(3)**新しい戦争**…冷戦終結後，民族・宗教対立が表面化→地域紛《ふん》争《そう》やテロリズム(テロ)が発生。

(4)**難民の発生**…**国連難民高等弁務官事務所(UNHCR《ユーエヌエイチシーアール》)**が難民を保護。**NGO《エヌジーオー》(非政府組織)**も活動。

(5)**核軍縮《かくぐんしゅく》への動き**…**核拡散防止条約(NPT《エヌピーティー》)**や**包括《ほうかつ》的核実験禁止条約(CTBT《シーティービーティー》)**の締結《ていけつ》など。

入試ナビ 国連の専門機関の略称を混同しないようにしよう。

3. 国際問題と私たち

(1)**環境問題《かんきょう》**…**二酸化炭素(CO_2)《シーオーツー》**などの温室効果ガスの増加による**地球温暖化**や，**酸性雨**・**熱帯雨林の減少**・**オゾン層の破壊《はかい》**・**砂《さ》漠《ばく》化**など。

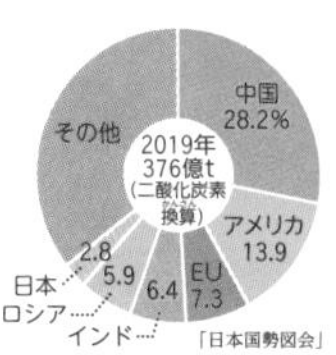

▲温室効果ガスの排出量

◎国際的な動き…**国連環境開発会議(地球サミット)**。**京都議定書《ぎていしょ》**から**パリ協定**へ。

(2)**経済格差**…発展途上国《とじょうこく》と先進国との間で**南北問題**→発展途上国の間での経済格差が広がり**南南問題**に。

(3)**エネルギー問題**…資源の枯渇《こかつ》や大気汚染《おせん》の問題→太陽光・風力・地熱・バイオマスなど，**再生可能エネルギー**の開発。リサイクルの推進など。

(4)**日本の平和主義と外交**…**「持たず・つくらず・持ちこませず」**の**非核《ひかく》三原則**をかかげ，核兵器の廃絶《はいぜつ》を訴《うった》え続ける。

(5)**日本の国際貢献《こうけん》**…**自衛隊**が国連の**平和維持活動(PKO)**へ参加。**政府開発援助《えんじょ》(ODA)《オーディーエー》**で発展途上国に資金・技術援助(青年海外協力隊など)。

入試に出る 入試に出る最重要ポイント

- ☐ ① 国連の**総会**は，全加盟国で構成されている。
- ☐ ② 国連の安全保障理事会の**常任理事国**は**拒否権**をもつ。
- ☐ ③ 国連が紛争地域で行う，停戦や選挙の監視など，紛争の再発を防ぐためなどの活動を**平和維持活動(PKO)**という。
- ☐ ④ **二酸化炭素**を中心とする温室効果ガスの増加によって，**地球温暖化**が問題となっている。

理科

I 理科［物理］ 身のまわりの現象

光の性質

(1) **光の反射《はんしゃ》**…光が物体の表面で反射するとき，**入射角＝反射角**となる。

【反射の法則】

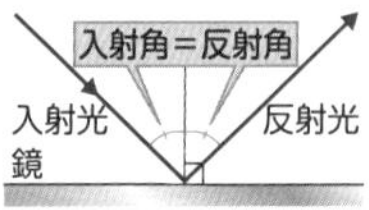

(2) **光の屈折《くっせつ》**…光がある物質から別の物質中へななめに進むとき，境界面《きょうかいめん》で**折れ曲がる**現象。

◎空気中→水中

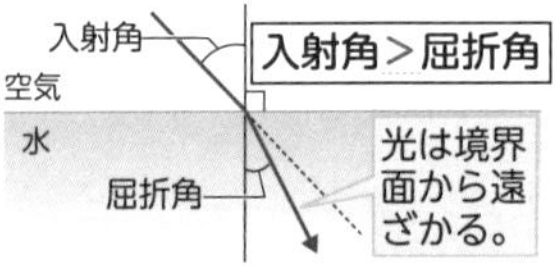

◎水中→空気中

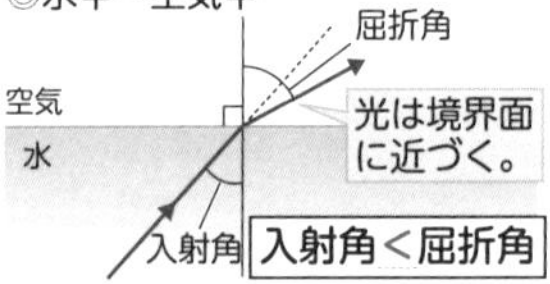

(3) **全反射《ぜんはんしゃ》**…光が物質の境界面ですべて**反射**する現象。

凸レンズと像

(1) **焦点《しょうてん》**…光軸《こうじく》に平行な光が，凸《とつ》レンズを通過後に集まる点。

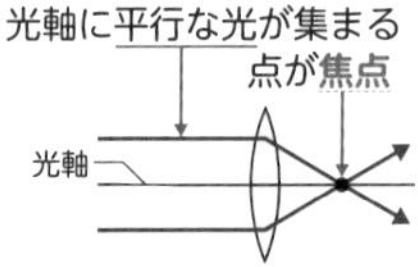

(2) **実像《じつぞう》**…スクリーンに**映せる**，**物体と上下左右が逆向き**の像。

(3) **虚像《きょぞう》**…スクリーンに**映せない**，**物体と向きが同じ**像。

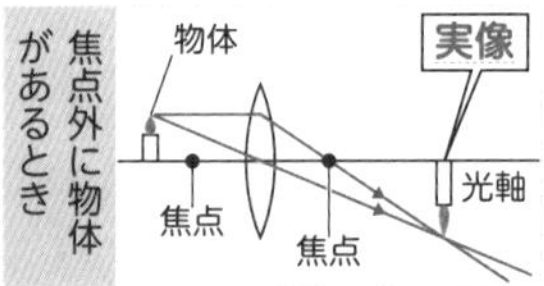

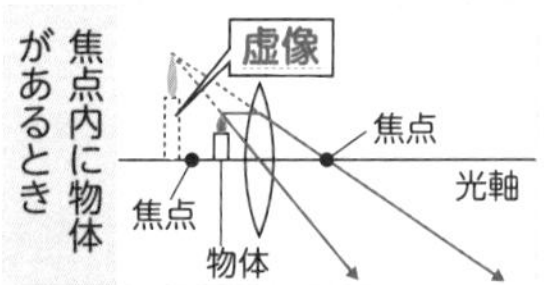

入試ナビ　光の反射《はんしゃ》や屈折《くっせつ》の道すじの作図方法を確認しておこう。

音の性質

(1) **音の大小**…**振幅《しんぷく》**が大きい。→ 音が**大きい**。

(2) **音の高低**…**振動数《しんどうすう》**が多い。→ 音が**高い**。

音の大小

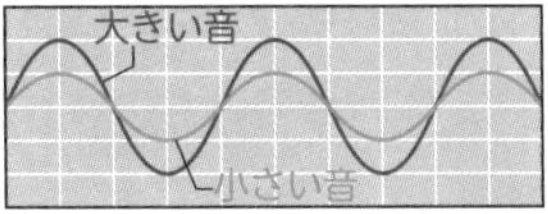

音の高低

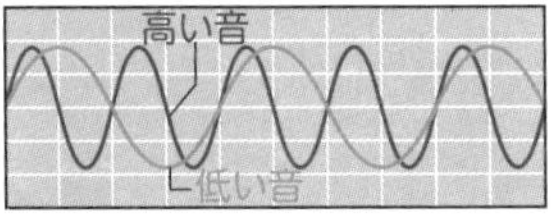

(3)　音の速さ〔m/s〕＝ $\dfrac{\text{音が伝わる距離〔m〕}}{\text{音が伝わる時間〔s〕}}$

（距離《きょり》）

注意 光の伝わる速さは，音と比べて非常に速い。

力のはたらき

(1) **フックの法則**…**ばねののび**は，ばねにはたらく**力の大きさ**に**比例《ひれい》**する。

(2) **力の大きさ**…単位は**ニュートン**(記号N)。**1 N**は，質量約**100 g**の物体にはたらく**重力《じゅうりょく》**の大きさと同じ。

【力の表し方】

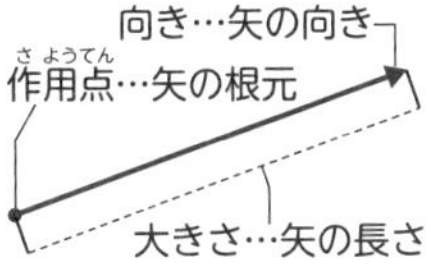

(3) **2力のつり合う条件**　注意 **1つでも成り立たないと，つり合わない。**

- 2力の大きさが**等しい**。
- 2力は**一直線上**にある。
- 2力の向きが**逆向き**である。

入試に出る最重要ポイント

- □ ① 物体が凸レンズの**焦点上**にあるとき，**像はできない**。
- □ ② **重力**は，地球がその中心に向かって物体を引く力である。
- □ ③ **重さ**は**物体にはたらく重力の大きさのこと**，**質量**は**物体そのものの量のこと**である。

電流・電圧と電気エネルギー

電流と電圧

(1) **回路《かいろ》**…電流《でんりゅう》が流れる道すじ。

◎**直列回路《ちょくれつかいろ》**…電流の流れる**道すじが1本の回路**。

◎**並列回路《へいれつかいろ》**…電流の流れる道すじが**枝分かれしている回路**。

◎**電流計**…測定部分に**直列**につなぐ。

◎**電圧計**…測定部分に**並列**につなぐ。

(2) **電流**…電源の**＋《プラス》極から−《マイナス》極へ流れる**電気の流れ。単位は**アンペア**（記号A）やミリアンペア（記号mA）。**1A＝1000mA**。

(3) **電圧**…電流を流そうとするはたらき。単位は**ボルト**（記号V）。

回路と電流・電圧

(1) 直列回路

◎電流… $I = I_1 = I_2$

◎電圧… $V = V_1 + V_2$

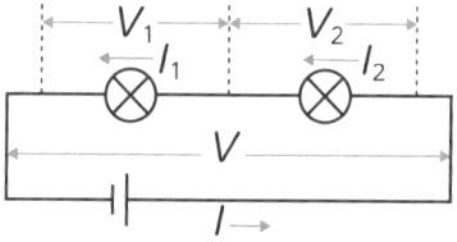

(2) 並列回路

◎電流… $I = I_1 + I_2$

◎電圧… $V = V_1 = V_2$

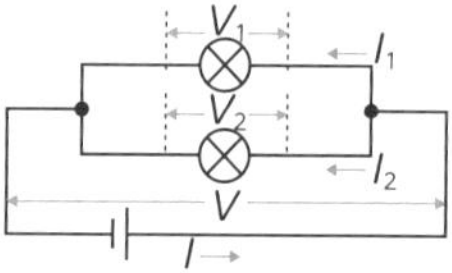

電圧と電流の関係

(1) **電気抵抗《でんきていこう》（抵抗）**…電流の**流れにくさ**。単位は**オーム**（記号Ω）。

(2) **オームの法則**…**電流は電圧に比例**し，**抵抗に反比例**する。

電圧 V〔V〕＝**抵抗 R〔Ω〕×電流 I〔A〕**　$\left(I = \dfrac{V}{R},\ R = \dfrac{V}{I}\right)$

入試ナビ　回路《かいろ》と電流《でんりゅう》・電圧《でんあつ》,オームの法則は,計算問題としてよく出題される。

(3) **回路と抵抗の大きさ**

◎**直列回路**

$R = R_1 + R_2$

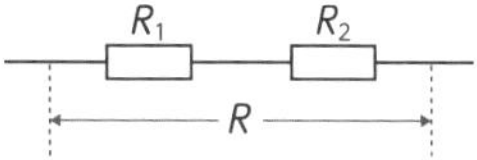

◎**並列回路**

$\frac{1}{R} = \frac{1}{R_1} + \frac{1}{R_2}$

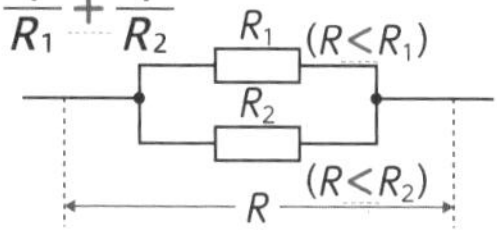

□ 電気エネルギー

(1) **電力**… 1 秒間あたりに使う電気エネルギーの量。単位は**ワット**（記号 W）。　**電力〔W〕＝電圧〔V〕×電流〔A〕**

(2) **電力量**…電気器具などで消費されるエネルギーの全体量。
単位は**ジュール**（記号 J），**ワット時**（記号 Wh）など。
電力量〔J〕＝電力〔W〕×時間〔s〕

□ 電流による発熱

(1) **熱量**…熱エネルギーの量。単位は**ジュール**（記号 J）。

参考　水 1 g の温度を 1 ℃上昇《じょうしょう》させるのに必要な熱量は約 4.2 J 。

(2) **電熱線の発熱量**…電流を流した時間と電力に比例する。

電熱線の発熱量〔J〕＝電力〔W〕×時間〔s〕
＝電圧〔V〕×電流〔A〕×時間〔s〕

入試に出る　入試に出る最重要ポイント

□ ① **電流計**で,電流の大きさが予想できないときは, **5 A** の－端子《たんし》につなぐ。

□ ② **直列回路**に流れる電流の大きさは, **回路のどの部分でも同じ。並列回路での各部分に流れる電流の大きさの和は, 回路全体に流れる電流と同じ。**

□ ③ **電圧＝抵抗×電流** の関係を**オームの法則**という。

□ ④ 1 W の電力を 1 時間使ったときの電力量は **1 Wh** 。

3 理科［物理］

電流と磁界

電流のまわりの磁界

【電流のまわりの磁界】

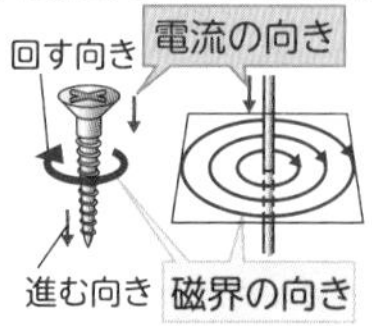

(1) **磁界《じかい》**…**磁力《じりょく》**がはたらく空間。

(2) **磁界の向き**…磁針の **N** **極**が指す向き。

(3) **電流(導線《どうせん》)のまわりの磁界**…右ねじの進む向きに**電流**を流す。⇒ **磁界**の向きは**右ねじを回す向き**。

(4) **コイルのまわりの磁界**…右手の４本の指で**電流の向き**にコイルをにぎる。⇒ **親指の向き**が**磁界**の向き。

【コイルの内側の磁界】

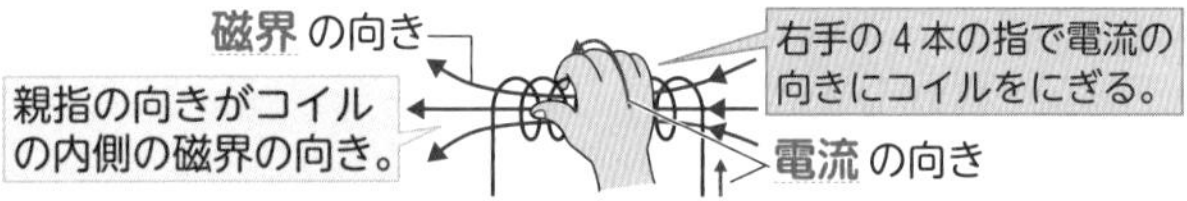

電流が磁界中で受ける力

【力の向き】

(1) **力の向き**…磁界の向きと電流の向きの両方に**垂直**。

(2) **力の大きさ**…**電流を大きく**したり，**磁界を強く**したりすると，**力は大きく**なる。

電磁誘導

【電磁誘導】

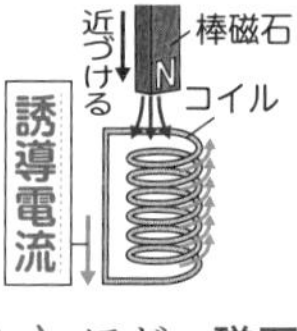

(1) **電磁誘導《でんじゆうどう》**…コイルの中の**磁界**を変化させると，**コイルに電圧が生じる現象**。

(2) **誘導電流《ゆうどうでんりゅう》**…電磁誘導によって流れる電流。

(3) **誘導電流の向き**…磁石を**近づけるか遠ざける**か，磁石の極が **N 極か S 極か**で**逆**になる。

(4) **誘導電流の大きさ**…**磁界の変化**が**大きい（速い）**ほど，**磁石の磁界**が**強い**ほど，**コイルの巻数**が**多い**ほど**大きくなる**。

入試ナビ 誘導電流《ゆうどうでんりゅう》の向きや大きさの変化についてよく問われる。

直流と交流

(1) **直流**《ちょくりゅう》…**一定の向き**に流れる電流。**乾電池**《かんでんち》**から流れる電流。**

(2) **交流**《こうりゅう》…流れる向きが**周期的に変化**する電流。**家庭用コンセントから流れる電流。**1秒間に変化する回数を**周波数**《しゅうはすう》といい，単位はヘルツ（記号 Hz ）。

静電気

(1) **静電気**《せいでんき》…種類の異なる物体どうしをこすり合わせると生じる電気。＋《プラス》と－《マイナス》の電気があり，**同じ**種類どうしの電気は**しりぞけ合い**，**異なる**種類どうしの電気は**引き合う**。

(2) **放電**《ほうでん》…たまっていた電気が流れ出たり，**電気が空間を移動したりする現象。**

(3) **真空放電**《しんくう》…**気圧を小さくした空間**に電流が流れる現象。

電流の正体

(1) **陰極線**《いんきょくせん》**(電子線)**…放電管《ほうでんかん》の **－ 極から ＋ 極**に向かう**電子の流れ。**直進する。－ の電気をもつ。

(2) **電子**…**－ の電気**をもつ非常に小さい粒子《りゅうし》。

注意 **電圧が加わると，電子は電源の － 極から ＋ 極へ移動する。**

(3) **放射線**《ほうしゃせん》…**X**《エックス》**線**，**α**《アルファ》**線**，**β**《ベータ》**線**，**γ**《ガンマ》**線**など。目に見えず，物質を通りぬける能力や物質を変質させる能力をもつ。

入試に出る 入試に出る最重要ポイント

- ① コイルに近づける磁石の極を逆にすると，誘導電流の向きは**逆**になる。
- ② 誘導電流は，磁界の変化が**大きい(速い)** ほど**大きい**。
- ③ オシロスコープで見ると，直流は1本の**直線**，交流は**波形**になる。

4

理科［物理］

運動とエネルギー

力の合成・分解，作用・反作用

(1) **合力**…複数の力と同じはたらきをする１つの力。

(2) **分力**…１つの力を分解して得られた１つ１つの力。

(3) **作用・反作用の法則**…２つの物体の間ではたらき合う力。

◎大きさが**等しい**。　◎一直線上にある。　◎向きが**反対**

水圧と浮力

(1) **水圧《すいあつ》**…水の**重さ**によって生じる圧力。水圧は**あらゆる方向**からはたらき，**水面から深いほど大きくなる**。

P.90

(2) **浮力《ふりょく》**…水中の物体が受ける**上向きの力**。浮力の大きさは，物体全体が水中にあるとき，**深さに関係しない**。

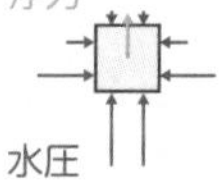

浮力＝空気中での重さ－水中での重さ

物体の運動

(1) **速さ**…一定時間に物体が動く距離《きょり》。

$$\text{速さ〔m/s〕}=\frac{\text{物体が移動した距離〔m〕}}{\text{移動するのにかかった時間〔s〕}}$$

◎**平均《へいきん》の速さ**…ある区間を一定の速さで移動したと考えたときの速さ。

◎**瞬間《しゅんかん》の速さ**…ごく短い時間に移動した距離から求めた速さ。

(2) **斜面《しゃめん》上の物体にはたらく力**…斜面上の物体には**重力**と**垂直抗力《すいちょくこうりょく》**がはたらいている。重力は**斜面に平行な分力**と**斜面に垂直な分力**に分けられる。

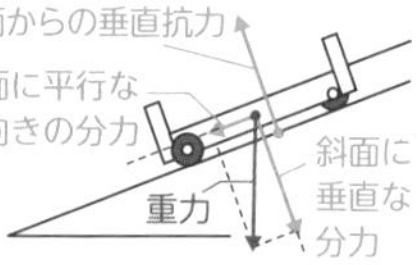

(3) **斜面を下る運動**…速さはしだいに**速**くなる。斜面の傾《かたむ》きが大きいほど，速さのふえ方が**大きい**。

入試ナビ 斜面《しゃめん》上の台車の運動や仕事と仕事率についてよく問われる。

等速直線運動と慣性

(1) **等速直線運動《とうそくちょくせんうんどう》**…**一定の速さ**で**一直線上**を進む運動。移動距離は**時間に比例**する。

(2) **慣性《かんせい》**…静止している物体は**静止**を続け，運動している物体は**等速直線運動**を続ける。⇒**慣性の法則**

仕事

(1) **仕事**…物体に力を加え，その向きに物体を動かしたとき，**力は物体に仕事をした**という。単位はジュール（記号 J）。

仕事〔J〕＝**力**の大きさ〔N〕×力の向きに動いた**距離**〔m〕

注意 加える力の向きに動く距離が 0 のとき，仕事は 0 である。

(2) **仕事率**…1 秒間にした仕事。単位はワット（記号W）。

$$\text{仕事率〔W〕}=\frac{\text{仕事〔J〕}}{\text{かかった時間〔s〕}}$$

エネルギー

(1) **エネルギー**…物体がほかの物体に仕事をする能力。

(2) **運動エネルギー**…**運動している物体**がもつエネルギー。

(3) **位置エネルギー**…**高いところにある物体**がもつエネルギー。

(4) **力学的エネルギー**…運動エネルギーと位置エネルギーの**和**。

入試に出る最重要ポイント

① 物体の**速さ**が**速い**ほど，物体の**質量**が**大きい**ほど，物体がもつ**運動エネルギーは大きい**。

② 物体の**高さ**が**高い**ほど，物体の**質量**が**大きい**ほど，物体がもつ**位置エネルギーは大きい**。

③ 運動エネルギーと位置エネルギーがたがいに移り変わっても，**力学的エネルギーは一定**となることを，**力学的エネルギー保存の法則**という。

5 理科［物理］
エネルギーの移り変わりと科学技術

いろいろなエネルギー

(1)エネルギーの種類

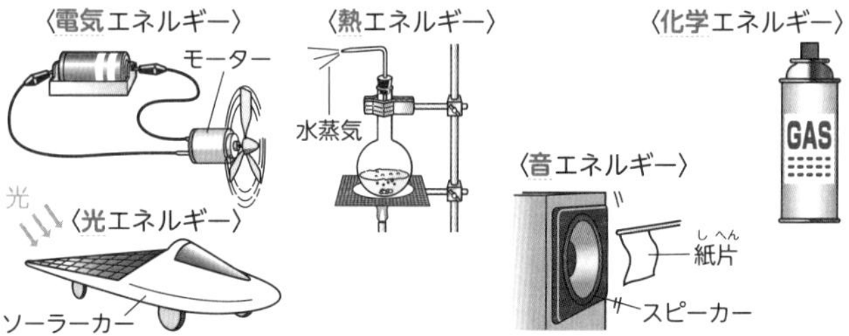

エネルギーの変換と保存

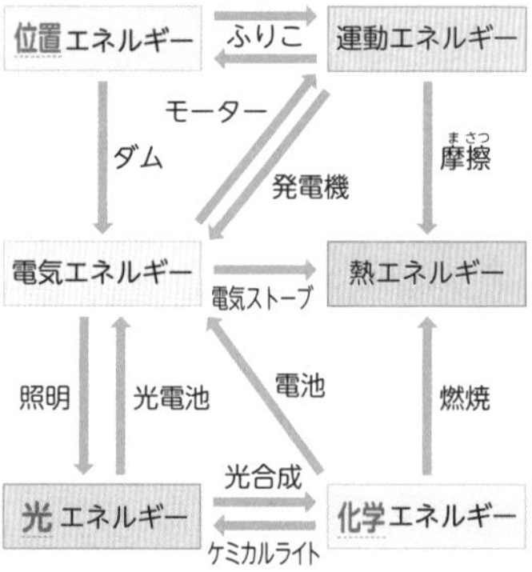

(1)**エネルギーの移り変わり**…いろいろなエネルギーはたがいに**移り変わる**。

(2)**エネルギー保存の法則**…エネルギーが移り変わった前後で**エネルギーの総量**は変わらない。**エネルギーの保存**ともいう。

(3)エネルギーが移り変わるとき，目的とするエネルギー以外に熱や音などの**エネルギー**が**発生**する。

(4)**エネルギーの変換効率《へんかんこうりつ》**…投入したエネルギーに対する，目的とするエネルギーの割合。

熱の伝わり方

(1)**伝導《でんどう》（熱伝導）**…高温の部分から低温の部分に熱が移動する。

入試ナビ 各発電方法が何エネルギーを利用しているか，確認しておこう。

(2) **対流《たいりゅう》**…あたためられた気体や液体が移動して全体に熱が伝わる。

(3) **放射《ほうしゃ》（熱放射）**…熱源が出す光や**赤外線**によって熱が伝わる。

☐ 発電の方法とエネルギー資源

(1) **水力発電**…水の**位置エネルギー**を利用して発電。

(2) **火力発電**…**化石燃料《かせきねんりょう》**の**化学エネルギー**を利用して発電。

(3) **原子力発電**…ウランなどの**核分裂《かくぶんれつ》**による**核《かく》エネルギー**を利用して発電。使用ずみ核燃料の処理が難しいなど課題もある。

(4) **再生可能なエネルギー**…資源が枯渇《こかつ》せず，**くり返し利用できる**エネルギー。**太陽光**，**風力**，**地熱**のほか，作物の残りかすや家《か》畜《ちく》のふんなどの**生物資源**（**バイオマス**）などがある。

☐ 科学技術と人間のくらし

(1) **科学技術の進歩**…**インターネット**の普及《ふきゅう》や**AI**《エーアイ》（人工知能），**ロボット**などの発達で生活が便利になった。

◎**新素材**…**機能性高分子**，**形状記憶《きおく》合金**，**炭素繊維《たんそせんい》**など。

(2) **循環型《じゅんかんがた》社会**…限りのある資源やエネルギーを節約・**再利用**することで，将来にわたり資源やエネルギーが利用できる社会。

(3) **持続可能《じぞくかのう》な社会**…自然環境《しぜんかんきょう》を**保全**しながら，便利で豊かな生活を**継続《けいぞく》**できる社会。

入試に出る 入試に出る最重要ポイント

☐ ① モーターは**電気**エネルギーを**運動**エネルギーに変換して利用する。

☐ ② **エネルギーの変換効率**を上げるため，排熱《はいねつ》などのエネルギーを利用するシステムを**コージェネレーションシステム**という。

☐ ③ 火力発電では，**化石燃料**の**埋蔵量《まいぞうりょう》に限りがある**ことや，有害な気体や**温室効果ガス**の**排出《はいしゅつ》**による**環境**への**影響《えいきょう》**などの問題がある。

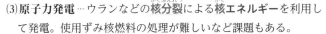

6 理科［化学］

身のまわりの物質の性質

物質の性質

(1) **有機物《ゆうきぶつ》**…**炭素《たんそ》**をふくむ物質。加熱すると**炭《すみ》**になり，さらに加熱すると**二酸化炭素**と**水**が発生。**例** 砂糖《さとう》，ロウ，プラスチック。

└── 物質が水素をふくんでいるときに発生する。

(2) **無機物《むきぶつ》**…**有機物以外の**物質。加熱しても二酸化炭素は発生しない。**例** 食塩，ガラスなど。 **注意** **炭素・二酸化炭素も無機物に分類。**

(3) **金属《きんぞく》**…鉄やアルミニウムなど。◎みがくと**光る**（**金属光沢《こうたく》**）。

◎たたくと広がり（**展性《てんせい》**），引っ張るとのびる（**延性《えんせい》**）。

◎**電気**を通す（**電気伝導性**）。◎熱を伝えやすい（**熱伝導性**）。

(4) **非金属《ひきんぞく》**…金属以外の物質。**例** ガラス，プラスチック，ゴム。

(5) **密度《みつど》**…物質 1 cm^3 あたりの**質量**。単位は g/cm^3 。

$$密度〔g/cm^3〕=\frac{質量〔g〕}{体積〔cm^3〕}$$

注意 **物質の種類によって，密度は決まっている。**

参考 ある物質を液体に入れたとき，その物質の密度が，液体の密度より大きいと沈《しず》み，液体の密度より小さいと浮《う》く。

物質の状態変化

(1) **状態変化《じょうたいへんか》**…物質が温度変化などによって，**固体⇔液体⇔気体**とすがたを変えること。

(2) **状態変化と体積・質量**…状態変化により，物質の**体積**は**変化**するが，**質量は変化しない。**

◎ふつう,固体 → 液体 → 気体 と変化するにつれ,**体積**は**増加**する。

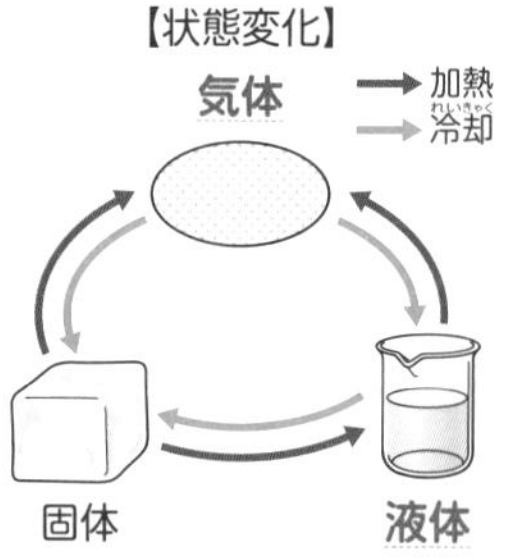

注意 水は例外で，固体 → 液体と変化するとき体積は減少する。

入試ナビ 物質の性質や密度《みつど》によって，物質を区別する問題がよく出る。

状態変化と温度

【水の温度と状態変化】

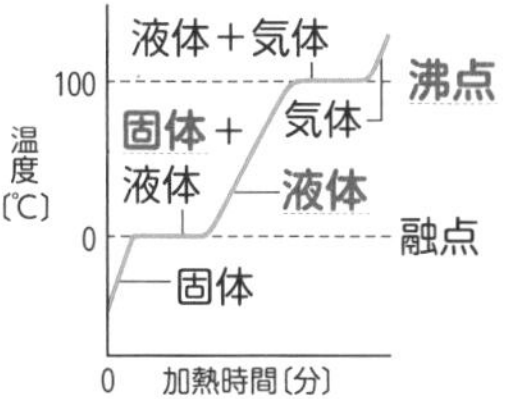

(1)**融点《ゆうてん》**…固体がとけて**液体になる温度**。

(2)**沸点《ふってん》**…液体が沸騰《ふっとう》して，**気体になる温度**。

(3)**純粋《じゅんすい》な物質と混合物の融点と沸点**…純粋な物質は**融点・沸点**が**一定**。混合物は**融点・沸点**が**一定にならない**。

(4)**蒸留《じょうりゅう》**…液体を加熱して**気体**にし，その気体を冷やして再び**液体**にしてとり出す方法。

【蒸留の実験】

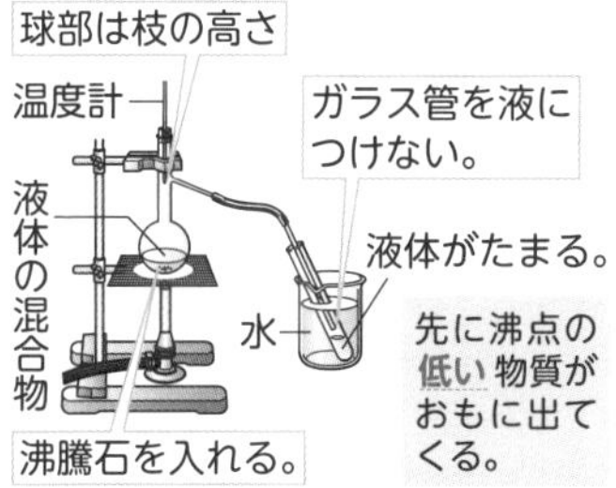

【水とエタノールの混合物の温度変化】

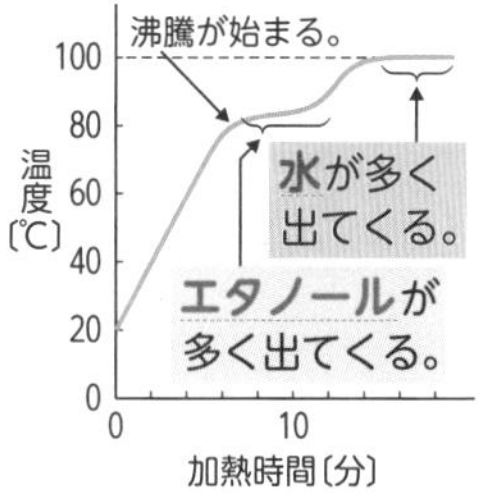

入試に出る最重要ポイント

- ☐ ① 物質が状態変化すると，**体積は変化するが，質量は変化しない。**
- ☐ ② 水がとけ始める温度は**0℃**で，**融点**という。
- ☐ ③ 水が沸騰して気体に変化する温度は**100℃**で，**沸点**という。
- ☐ ④ エタノールと水の混合物を**蒸留**すると，**沸点の低いエタノール**を多くふくむ液体が先に得られる。

7

理科[化学]

気体の性質／水溶液の性質

いろいろな気体の性質と発生方法

気体	性質	発生方法
酸素	・無色，無臭《むしゅう》。 ・ほかの物質を燃やすはたらき（助燃《じょねん》性《せい》）がある。	二酸化マンガン ＋うすい過酸化水素水 （オキシドール）
二酸化炭素	・無色，無臭で空気より密度が大きい。 ・石灰水《せっかいすい》を白くにごらせる。 ・水に少しとける。 ・水溶液《すいようえき》は酸性を示す。	石灰石＋うすい塩酸 炭酸水の加熱
水素	・無色，無臭で，物質の中でいちばん密度が小さい気体。 ・燃えやすい。音を立てて燃えて水ができる。	亜鉛《あえん》（鉄） ＋うすい塩酸（硫酸《りゅうさん》）
アンモニア	・刺激臭《しげきしゅう》があり，空気より密度が小さい。 ・水に非常にとけやすい。 ・水溶液はアルカリ性を示す。	塩化アンモニウム と水酸化カルシウム の混合物の加熱

気体の集め方

発生した気体

水へのとけやすさ	水にとけにくい	水にとけやすい	
密度		空気より密度が小さい	空気より密度が大きい
集め方	水上《すいじょう》置《ち》換法《かんほう》 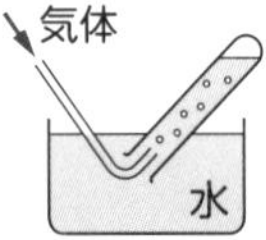	上方《じょうほう》置《ち》換法《かんほう》 	下方《かほう》置《ち》換法《かんほう》 
例	酸素，水素，二酸化炭素	アンモニア	二酸化炭素

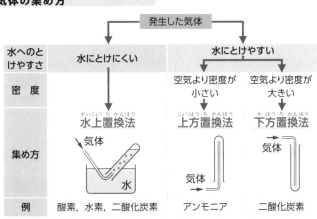

入試ナビ 気体の発生方法と集め方を確認しておこう。

水溶液

(1) **溶液《ようえき》**…物質が液体にとけた液全体。溶媒《ようばい》が水の溶液を**水溶液**という。

注意 物質が水にとけたとき，液は透明《とうめい》になり，どの部分の濃《こ》さも同じである。

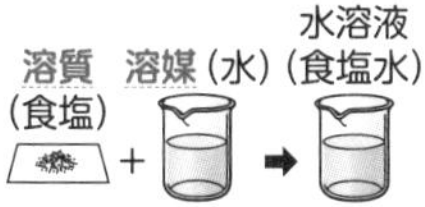

溶質の質量 ＋ 溶媒の質量 ＝ 溶液の質量

(2) **溶質**…液体に**とけている物質**。

(3) **溶媒**…溶質を**とかしている液体**。

(4) **質量パーセント濃度《のうど》**

$$\text{質量パーセント濃度〔\%〕} = \frac{\text{溶質の質量〔g〕}}{\text{溶液の質量〔g〕}} \times 100$$

溶解度と再結晶

(1) **溶解度《ようかいど》**…一定量の水に**とかすことのできる物質の限度の量**。

(2) **飽和《ほうわ》水溶液**…物質が**溶解度**までとけている水溶液。

(3) **再結晶《さいけっしょう》**…水にとかした固体を**再び結晶《けっしょう》としてとり出す**方法。**水溶液を冷やす方法**と，**水溶液を加熱して水を蒸発させる方法**がある。
└── 温度による溶解度の差が小さい物質。

【いろいろな物質の溶解度】

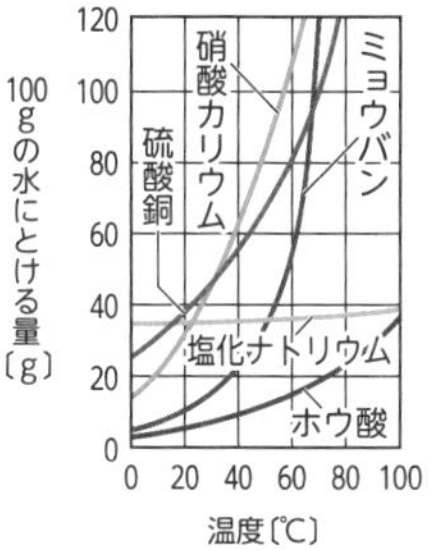

入試に出る最重要ポイント

- ① 火のついた線香《せんこう》を**酸素**に入れると，**線香が激しく燃える**。
- ② 石灰水に**二酸化炭素**を通すと，**白くにごる**。
- ③ **水上置換法**は，水と置き換《か》えて気体を集める方法である。
- ④ **塩化ナトリウムの結晶**をとり出すには，**水を蒸発させる方法**が適《てき》する。

8 理科[化学]

原子・分子と物質の変化

原子と分子

(1) **原子《げんし》**…物質をつくる最小の粒子《りゅうし》。**原子の種類**を**元素《げんそ》**という。

(2) **分子《ぶんし》**…原子がいくつか結びついてできた，物質の性質を表す最小の粒子。

(3) **分類**　◎**単体《たんたい》**…**1種類の元素**からできている物質。
　◎**化合物《かごうぶつ》**…**2種類以上の元素**からできている物質。

(4) **化学式**…**元素記号**を使い，物質の成り立ちを表した式。

分子をつくる物質の化学式	分子をつくらない物質の化学式
例 水素H_2，酸素O_2，窒素《ちっそ》N_2，塩素Cl_2，水H_2O	例 マグネシウムMg，亜鉛《あえん》Zn，銅Cu，酸化銅《さんかどう》CuO

化学反応式

(1) **右辺と左辺の原子の種類と数**…常に**等しく**なる。

◎炭素＋酸素 ⟶ **二酸化炭素**（$C + O_2 \longrightarrow CO_2$）

◎水素＋酸素 ⟶ **水**（$2H_2 + O_2 \longrightarrow 2H_2O$）

◎銅＋酸素 ⟶ **酸化銅**（$2Cu + O_2 \longrightarrow 2CuO$）

分解

(1) **分解《ぶんかい》**…物質が2種類以上の**別の物質**に分かれる化学変化。

◎炭酸水素ナトリウム ⟶ 炭酸ナトリウム＋水＋二酸化炭素

（$2NaHCO_3 \longrightarrow Na_2CO_3 + H_2O + CO_2$）

【炭酸水素ナトリウムの分解】

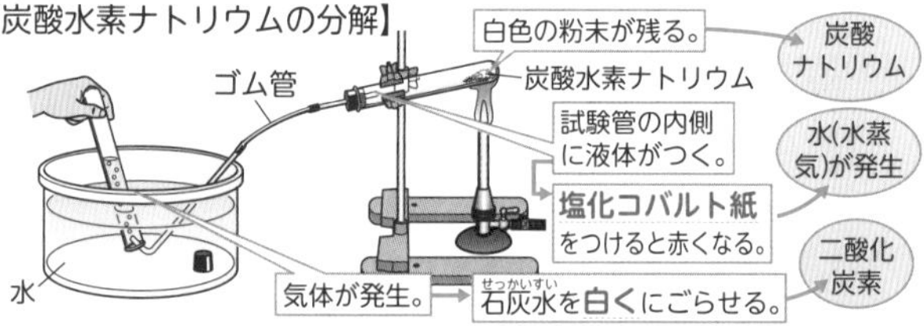

入試ナビ 鉄と硫黄《いおう》の混合物を加熱する実験に関する出題が多い。

(2) 水の電気分解《でんきぶんかい》

…水に少量の水酸化ナトリウムを加えて電流を流す。

注意 純粋《じゅんすい》な水は電流を流しにくいため。

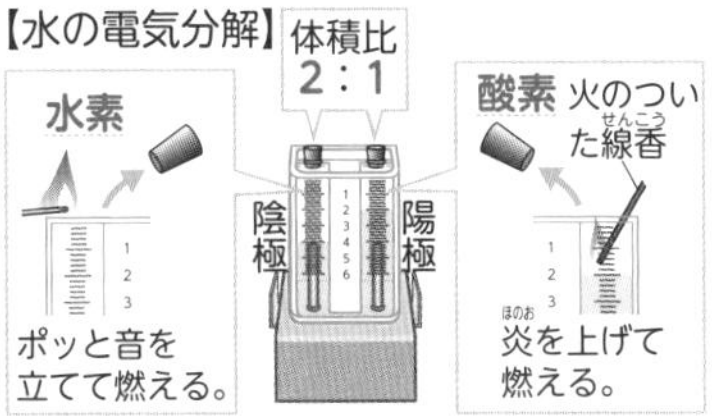

◎水 ⟶ 水素＋**酸素**（$2H_2O \longrightarrow 2H_2 + O_2$）

(3) 酸化銀の分解

◎酸化銀 ⟶ 銀＋**酸素**（$2Ag_2O \longrightarrow 4Ag + O_2$）

☐ 物質が結びつく変化

(1) 物質の結びつき… 2種類以上の物質が結びつくと，もとの物質と性質の異なる別の物質(**化合物**)ができる。

(2) 鉄と硫黄《いおう》の結びつき

…鉄と硫黄の混合物を加熱すると，鉄と硫黄が結びついて**硫化鉄**《りゅうかてつ》ができる。

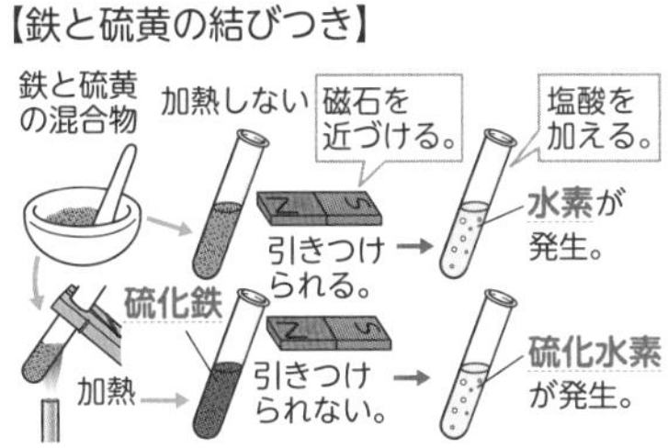

◎鉄 ＋ 硫黄 ⟶ **硫化鉄**（化合物）（$Fe + S \longrightarrow FeS$）

入試に出る 入試に出る最重要ポイント

☐ ① おもな元素記号は，**亜鉛**《あえん》**Zn**，**ナトリウム Na**，**水素H**。

☐ ② おもな物質の化学式は，**窒素N_2**，**アンモニアNH_3**。

☐ ③ 水を**電気分解**すると，水 ⟶ **水素**＋酸素と分解して，**陰極に水素**，**陽極に酸素**が，**2：1** の体積の割合で発生する。

☐ ④ 硫化鉄に塩酸を加えると，においの**ある**気体（**硫化水素**）が発生する。

9 理科[化学]

いろいろな化学変化

酸化と燃焼

(1) **酸化**《さんか》…物質が**酸素と結びつく**化学変化。

物質A ＋ **酸素(O_2)** → **物質B（酸化物）**

◎鉄の酸化…鉄(Fe) ＋ 酸素(O_2) ⟶ **酸化鉄**

◎銅の酸化…銅(Cu) ＋ 酸素(O_2) ⟶ **酸化銅**

(2) **燃焼**《ねんしょう》…激しく**熱**や**光**を出す**酸化**。

還元

(1) **還元**《かんげん》…酸化物が**酸素をうばわれる**化学変化。

◎酸化銅に炭素の粉末を混ぜて加熱する。

注意 還元と酸化は同時に起こる。

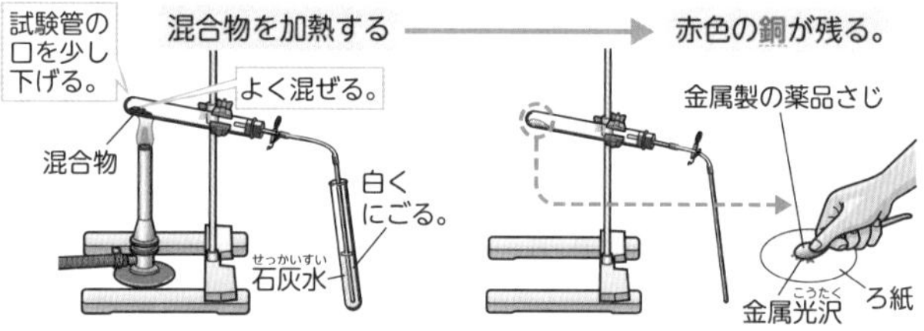

還元：2CuO → 2Cu

$2CuO$ ＋ C ⟶ $2Cu$ ＋ CO_2
酸化銅　炭素　銅　二酸化炭素

酸化：C → CO_2

化学変化と熱

(1) **発熱反応**《はつねつはんのう》…化学変化のとき，**熱を発生する**反応。

例 化学かいろ…**鉄粉が酸化**するときの**発熱を利用**。

(2) **吸熱反応**《きゅうねつはんのう》…化学変化のとき，**まわりから熱を吸収する**反応。

例 塩化アンモニウムと水酸化バリウムを混ぜると，**アンモニアが発生**して**温度が下がる**。

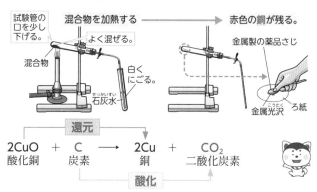

入試ナビ　実験結果から，質量保存の法則を利用して質量を求める問題が頻出《ひんしゅつ》！

☐ 化学変化と質量の変化

(1) **質量保存の法則**…化学変化の前後で，**物質全体の質量は変わらない。**

(2) **沈殿《ちんでん》のできる反応**…**硫酸《りゅうさん》**と**塩化バリウム水溶液《すいようえき》**の反応では，白い沈殿（**硫酸バリウム**）ができる。

H_2SO_4（硫酸）＋ $BaCl_2$（塩化バリウム）

⟶ $BaSO_4$（硫酸バリウム）＋ $2HCl$（塩酸）

(3) **気体の出る反応**…$NaHCO_3$（炭酸水素ナトリウム）＋ HCl（塩酸）

⟶ $NaCl$（塩化ナトリウム）＋ H_2O（水）＋ CO_2（二酸化炭素）

【質量の変化の調べ方】

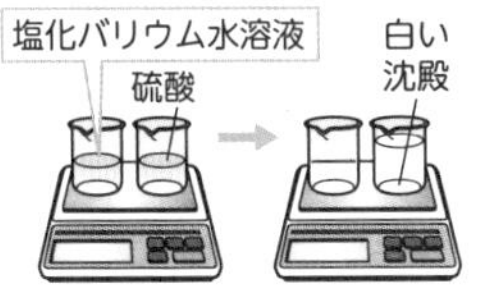

質量…反応前＝反応後

【ふたのない容器のとき】

質量…反応前＞反応後

【ふたのある容器のとき】

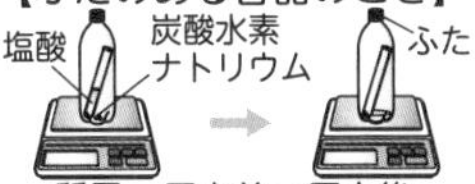

質量…反応前＝反応後

注意 ふたをとると発生した気体が空気中に出ていくため質量は減る。

☐ 化学変化と質量の割合

(1) 物質 A と物質 B が結びつくときの**質量の割合は一定。**

◎銅＋酸素 ⟶ 酸化銅（銅：酸素：酸化銅＝ 4：1：5）

入試に出る 入試に出る最重要ポイント

☐ ① **鉄粉**と活性炭《かっせいたん》，食塩水を混ぜてしばらくすると温度が**上がる**。

☐ ② 1 g の銅を完全に酸化すると，0.25 g の**酸素**と結びついて 1.25 g の**酸化銅**ができる。

☐ ③ 1.2 g のマグネシウムを完全に酸化すると，2.0 g の酸化マグネシウムができた。このときの**マグネシウムと酸素の質量の割合**は 3：2 になる。

10 理科［化学］

化学変化とイオン

水溶液と電流

(1) **電解質《でんかいしつ》**…水にとかしたとき，**電流が流れる**物質。

(2) **非電解質《ひでんかいしつ》**…水にとかしたとき，**電流が流れない**物質。

(3) **塩化銅水溶液《すいようえき》の電気分解**…陰極《いんきょく》には**赤色の固体**（銅）が付着し，陽極付近から**塩素**が発生する。$CuCl_2 \longrightarrow Cu + Cl_2$

原子の構造とイオン

【ヘリウム原子の構造】

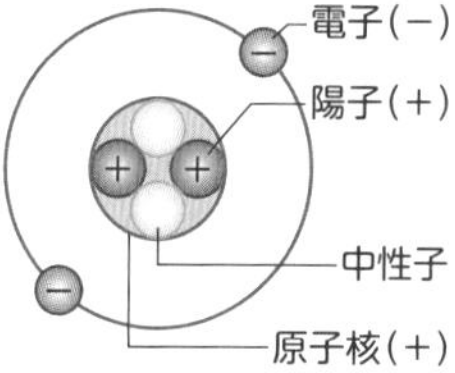

(1) **原子の構造**…原子は**＋の電気**をもつ**原子核《げんしかく》**と**－の電気**をもつ**電子**からできている。

(2) **イオン**…原子が**＋の電気**を帯びた**陽イオン**と，原子が**－の電気**を帯びた**陰イオン**がある。

（＋の電気：電子を失うため。）
（－の電気：電子を受けとるため。）

(3) **電離《でんり》**…**電解質**が水にとけて**陽イオンと陰イオンに分かれる**こと。

(4) **同位体《どういたい》**…同じ元素で，**中性子の数が異なる**原子。

電池とイオン

(1) **金属のイオンへのなりやすさ**…**マグネシウム ＞ 亜鉛《あえん》 ＞ 銅**

(2) **電池《でんち》**…**化学**エネルギーを**電気**エネルギーに**変換《へんかん》**してとり出す装置。

(3) **ダニエル電池**　◎－極での反応…$Zn \longrightarrow Zn^{2+} + 2e^-$

◎＋極での反応…$Cu^{2+} + 2e^- \longrightarrow Cu$

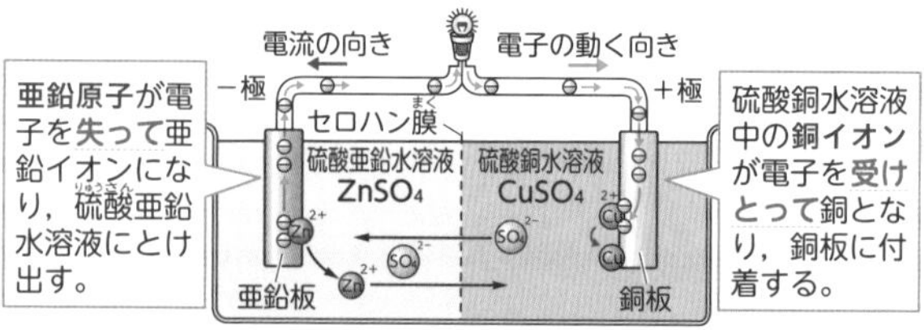

入試ナビ 電気分解や中和《ちゅうわ》の実験についてよく問われる。

☑ 酸とアルカリ

(1) **酸《さん》**…水溶液にしたとき，電離して**水素イオン H^+** を生じる化合物。

例 塩化水素の電離… $HCl \longrightarrow H^+ + Cl^-$

(2) **アルカリ**…水溶液にしたとき，電離して**水酸化物イオン OH^-** を生じる化合物。例 水酸化ナトリウムの電離… $NaOH \longrightarrow Na^+ + OH^-$

(3) **pH《ピーエイチ》**…酸性・アルカリ性の強さを表す数値。**中性は pH 7**。7 より小さくなるほど**酸性が強く**，7 より大きくなるほど**アルカリ性が強い**。

☑ 中和と塩

(1) **中和《ちゅうわ》**…酸の**水素イオン**とアルカリの**水酸化物イオン**が結びついて**水**になり，**たがいの性質を打ち消し合う反応**。$H^+ + OH^- \longrightarrow H_2O$

注意 中和が起こっても，水溶液中に H^+ か OH^- があれば中性ではない。

(2) **塩《えん》**…**酸の陰イオン**と**アルカリの陽イオン**が結びついた物質。

(3) **塩酸と水酸化ナトリウム水溶液の中和**

$HCl + NaOH$

$\longrightarrow NaCl + H_2O$

塩　水

【中性の水溶液になったときの状態】

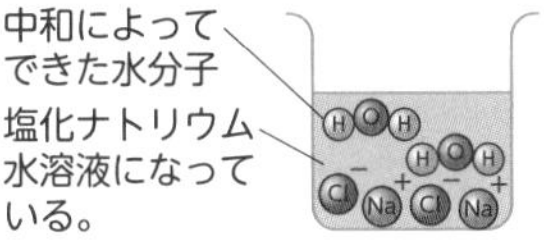

参考 硫酸と水酸化バリウム水溶液の中和でできる塩（硫酸バリウム）は水にとけにくく，白い沈殿《ちんでん》ができる。

入試に出る最重要ポイント

☑ ① 塩酸の電気分解では，$2HCl \longrightarrow H_2 + Cl_2$ で，**陰極側に水素**が発生する。

☑ ② 陽イオンには，**水素イオン H^+**，**銅イオン Cu^{2+}**，陰イオンには，**塩化物イオン Cl^-**，**水酸化物イオン OH^-** などがある。

☑ ③ アルカリ性の水溶液は **BTB 溶液**を**青色**に変える。

☑ ④ 酸の陰イオンとアルカリの陽イオンが結びつくと**塩**ができる。

11 理科［生物］

植物と動物の分類

種子をつくる植物

(1) **種子《しゅし》植物**…種子をつくってふえる。

◎**被子《ひし》植物**…胚珠《はいしゅ》が子房《しぼう》の中にある。 例 サクラ，ユリ

◎**裸子《らし》植物**…胚珠が**むき出し**。

例 マツ，イチョウ

【花のつくり】

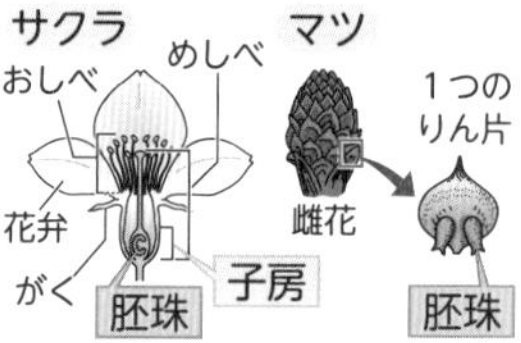

(2) **果実と種子のでき方**…受粉後，**子房**は**果実**に，**胚珠**は**種子**になる。

注意 裸子植物には子房がないので，果実はできない。

(3) **被子植物の分類**

◎**単子葉《たんしよう》類**…子葉が**1枚**のもの。 ◎**双子葉《そうしよう》類**…子葉が**2枚**のもの。

	葉《よう》脈《みゃく》	茎《くき》の維管束《いかんそく》	根	植物の例
単子葉類	平行脈	散らばっている	ひげ根	イネ，ツユクサ
双子葉類	網状脈《もうじょうみゃく》	輪状《りんじょう》に並《なら》ぶ	主根《しゅこん》と側根《そっこん》	エンドウ，アブラナ

種子をつくらない植物

(1) **種子をつくらない植物**…**胞子《ほうし》**でふえる。胞子は**胞子のう**の中にできる。

(2) **シダ植物**…根・茎・葉の区別が**ある**。**茎は地下にある**ものが多い。

(3) **コケ植物**…根・茎・葉の区別が**ない**。**雌株《めかぶ》と雄株《おかぶ》**があるものが多い。

注意 コケ植物はからだの表面全体から水を吸収する。

植物の分類

- 植物
  - 種子植物
    - 被子植物
      - 双子葉類
        - 合弁花類
        - 離弁花類
      - 単子葉類
    - 裸子植物
  - 種子をつくらない植物
    - シダ植物
    - コケ植物

参考 花弁のようすで分類することがある。

入試ナビ　脊椎《せきつい》動物の５つのグループの特徴《とくちょう》を整理して確認しておこう。

脊椎動物

(1) **脊椎《せきつい》動物**…**背骨がある**動物。

(2) **子の生まれ方**…親が卵《らん》を産《う》み，**卵から子がかえる卵生《らんせい》**と，**子が母親の体内である程度育ってから生まれる胎生《たいせい》**がある。

(3) **脊椎動物の分類**

	魚《ぎょ》　類《るい》	両生類《りょうせいるい》	は虫類《ちゅうるい》	鳥類《ちょうるい》	哺乳類《ほにゅうるい》
生活場所	水　中	子…水中 親…水辺	おもに陸上		
呼　　吸	えら	子…えらと皮膚《ひふ》 親…肺と皮膚	肺		
生まれ方	卵生（卵に殻《から》がない）		卵生(卵に殻がある)		胎生
体　　表	うろこ	湿《しめ》った皮膚	うろこ	羽毛	毛

無脊椎動物

(1) **無脊椎《むせきつい》動物**…**背骨がない**動物。節足《せっそく》動物や軟体《なんたい》動物など。

(2) **節足動物**…全身が**外骨格《がいこっかく》**でおおわれ，からだやあしが**多くの節《ふし》に分かれている**。バッタやチョウなどのなかまの**昆虫《こんちゅう》類**と，エビやカニなどのなかまの**甲殻《こうかく》類**などがある。

(3) **軟体動物**…内臓が**外《がい》とう膜《まく》**に包まれている。からだやあしに**節がない**。イカやタコ，アサリなど。

入試に出る　入試に出る最重要ポイント

- ① 被子植物の子房は，受粉後，成長して**果実**になる。
- ② ユリは被子植物の**単子葉類**のなかまで，根のつくりは**ひげ根**である。
- ③ スギゴケには雄株と雌株があり，胞子は**雌株の胞子のう**でつくられる。
- ④ 子はえらと皮膚，親は肺と皮膚で呼吸する脊椎動物のなかまは，**両生類**である。
- ⑤ **軟体動物**は内臓が**外とう膜**に包まれており，からだやあしに**節がない**。

12 理科［生物］

生物と細胞／植物のつくりとはたらき

細胞

(1) **細胞《さいぼう》**…生物のからだをつくる最小の単位。

(2) **細胞のつくり**

【植物の細胞と動物の細胞】

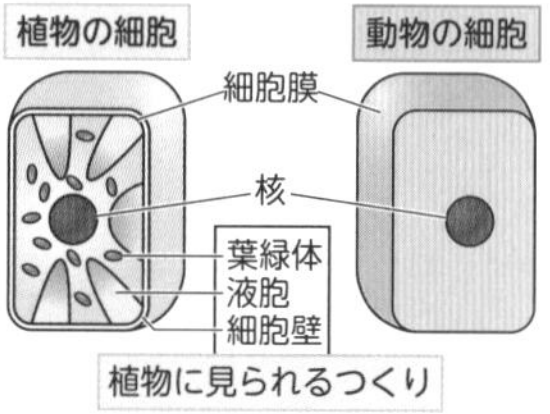

◎ **核《かく》**…ふつう，1つの細胞に1個ある。**染色液《せんしょくえき》によく染まる。**
└── 酢酸オルセイン，酢酸カーミンなど。

◎ **細胞質《さいぼうしつ》**…核のまわりをとり囲む部分。
└── 核を除く，細胞膜とその内側の部分。

◎ **細胞膜《さいぼうまく》**…細胞質のいちばん外側のうすい膜。

◎ **葉緑体《ようりょくたい》**…光合成が行われる**緑色の粒《つぶ》**。

◎ **細胞壁《さいぼうへき》**…細胞膜の外側にあるじょうぶなつくり。

単細胞生物と多細胞生物

(1) **単細胞生物《たんさいぼうせいぶつ》**…からだが**1つの細胞**でできている。**例** アメーバ

(2) **多細胞生物《たさいぼうせいぶつ》**…からだが**多くの細胞**が集まってできている。

◎ **組織《そしき》**…**形やはたらきが同じ細胞の集まり。** **例** 表皮組織，筋組織

◎ **器官《きかん》**…いくつかの種類の**組織が集まり**，決まったはたらきをする部分。**例** 葉，胃

◎ **個体《こたい》**…**いくつかの器官が集まって**できている。

光合成と呼吸

(1) **光合成**…植物が**光**を受けて，**デンプンなどの栄養分**をつくるはたらき。**注意** **光合成は光が当たる昼間だけ，呼吸は1日中行われる！**

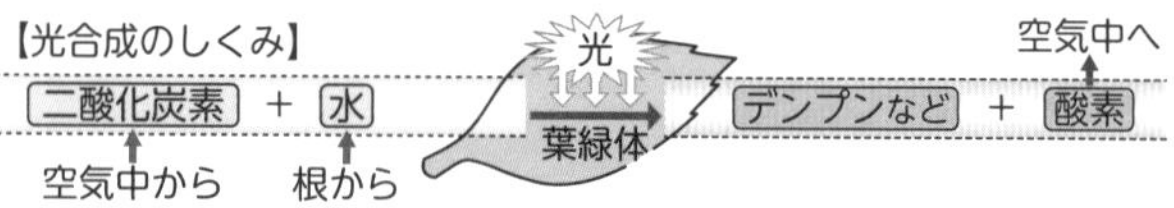

(2) **植物の呼吸**…**酸素**をとり入れ，**二酸化炭素**を出す。

入試ナビ 光合成や呼吸，蒸散《じょうさん》は，実験結果から考察させる出題が目立つ。

根・茎・葉のつくり

(1) **道管《どうかん》**…**根**から吸収した**水や養分**が通る管。

参考 根の先端《せんたん》近くには根毛《こんもう》がある。

(2) **師管《しかん》**…**葉**でつくられた**栄養分**が通る管。

(3) **茎《くき》のつくり**…**道管**と**師管**が集まった**維管束《いかんそく》**がある。

(4) **葉脈**…葉の維管束。葉の**表側に道管**の束，**裏側に師管**の束がある。

(5) **気孔《きこう》**…葉の表皮にある，**孔辺《こうへん》細胞**（三日月形をした細胞）に囲まれたすきま。ふつう**葉の裏側に多い**。**二酸化炭素と酸素が出入り**（光合成や呼吸のはたらきによる。）し，**水蒸気が放出**（蒸散）される。

◎**蒸散《じょうさん》**…植物のからだから，水が**水蒸気**となって空気中に放出されること。おもに**気孔**で行われる。

参考 蒸散が起こると，根からの吸水《きゅうすい》が行われる。

【茎の断面（双子葉類）】

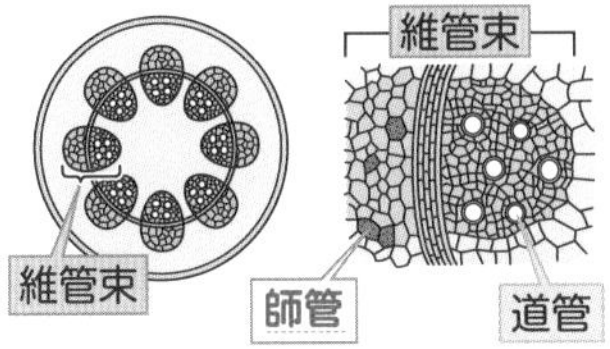

【葉の断面】

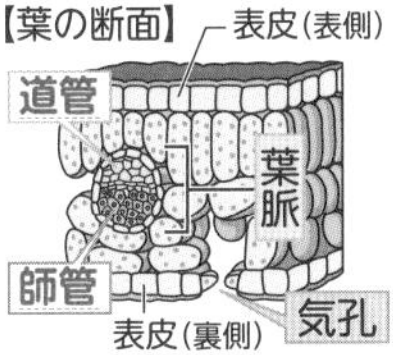

【気孔】

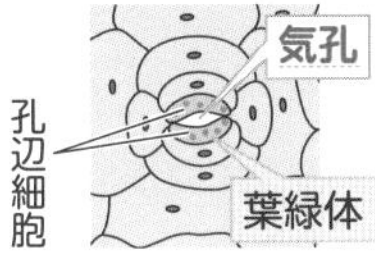

入試に出る 入試に出る最重要ポイント

- ① ゾウリムシやアメーバなどは**単細胞生物**である。
- ② **光合成**は細胞の**葉緑体**で行われ，**デンプン**などの栄養分と**酸素**ができる。
- ③ 葉に**デンプン**ができたことは**ヨウ素液**を使って確かめる。
- ④ 葉の表側と裏側で，ふつう，**蒸散がさかんなのは，葉の裏側**である。
- ⑤ 根の先端近くにある**根毛**は，**表面積を大きく**して，水や養分を効率よく吸収する。

消化と吸収／呼吸

消化

(1) **消化《しょうか》**…食物中の**栄養分を分解**し，**吸収されやすくする**こと。

(2) **消化管《しょうかかん》**…食物の通り道。**口→食道→胃→小腸→大腸→肛門《こうもん》**。

(3) **消化酵素《しょうかこうそ》**…消化液にふくまれ，**栄養分を分解する**。決まった物質にだけはたらく。

注意 消化酵素は，ヒトの体温に近い 30 ℃～40 ℃ でよくはたらく。

◎**だ液中のアミラーゼ**…**デンプン**を分解。

◎**胃液中のペプシン**…**タンパク質**を分解。

◎**すい液中のリパーゼ**…**脂肪《しぼう》**を分解。

【消化液のはたらき】

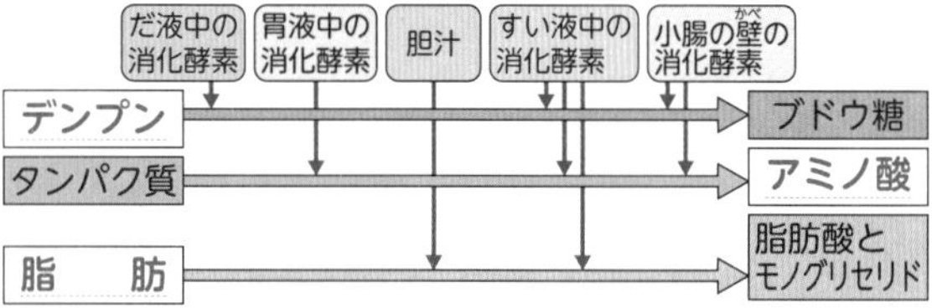

注意 胆汁《たんじゅう》は消化酵素をふくまないが，脂肪の分解を助けるはたらきがある。

消化された栄養分の吸収

(1) **小腸のつくり**…多くのひだに多数の**柔《じゅう》毛《もう》**がある。柔毛で**栄養分が吸収**される。

注意 小腸にひだや柔毛があることで，小腸内部の表面積が非常に大きくなり，栄養分を効率よく吸収できる。

【柔毛のつくり】

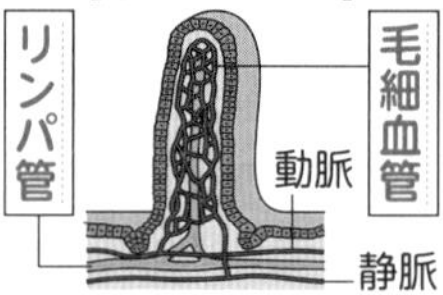

(2) **栄養分の吸収**

◎**ブドウ糖《とう》とアミノ酸**は**毛細血管《もうさいけっかん》**に入り，肝臓《かんぞう》から全身の細胞《さいぼう》へ運ばれる。

入試ナビ だ液のはたらきを調べる実験の方法や結果を確認しておこう。

◎**脂肪酸**と**モノグリセリド**は柔毛で再び**脂肪**に合成されて**リンパ管**に入り，やがて血管に入って全身の細胞へ運ばれる。

☐ 肺による呼吸

⑴**肺のつくり**…気管《きかん》 → 気管支《きかんし》 → 肺（肺胞《はいほう》）とつながる。

⑵**肺胞**…肺をつくっている**無数の小さな袋《ふくろ》**。肺胞が多数あることで，**表面積が大きく**なっている。

⑶**肺胞での気体の交換《こうかん》**…肺胞内の空気から血液中に**酸素**がとり入れられ，血液中の**二酸化炭素**を肺胞内に放出する。

【肺のつくり】

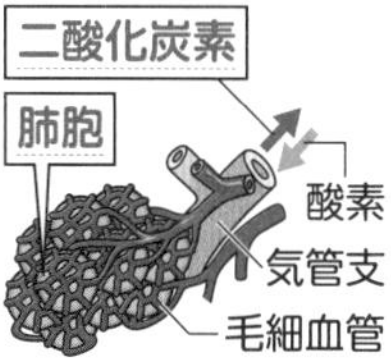

☐ 細胞による呼吸

⑴**細胞呼吸《さいぼうこきゅう》**…からだをつくる1つ1つの細胞で行われる，**酸素を使って栄養分を分解し，エネルギーをとり出す**活動。

栄養分 ＋ **酸素** ⟶ **二酸化炭素** ＋ 水
↓
エネルギー

入試に出る最重要ポイント

☐ ① だ液にふくまれる消化酵素の**アミラーゼ**は**デンプン**を分解する。

☐ ② **デンプン**は最終的に**ブドウ糖**に分解される。

☐ ③ **タンパク質**の消化には**胃液**と**すい液**，小腸の壁の消化酵素がはたらく。

☐ ④ **ブドウ糖**と**アミノ酸**は，**柔毛で吸収**されたあと，**毛細血管**に入る。

☐ ⑤ 細胞呼吸では，**酸素を使って栄養分を分解し**，**エネルギー**をとり出す。

14 理科[生物]

血液の循環／刺激と反応

☑ 心臓のはたらきと血液の循環

(1) **心臓のはたらきと血管**…筋肉《きんにく》が収縮《しゅうしゅく》して**血液を全身に送る。**

◎**動脈**《どうみゃく》…心臓から送り出される血液が通る血管。

◎**静脈**《じょうみゃく》…心臓へもどる血液が通る血管。**弁**《べん》がある。

(2) **血液**《けつえき》**の循環**《じゅんかん》

◎**肺循環**《はいじゅんかん》…心臓→**肺**→心臓　◎**体循環**《たいじゅんかん》…心臓→全身→心臓

◎**動脈血**…**酸素**を多くふくんだ血液。

◎**静脈血**…**二酸化炭素**を多くふくんだ血液。

☑ 血液のはたらき

(1) **赤血球**《せっけっきゅう》…**ヘモグロビン**をふくみ，**酸素**を全身に運ぶ。
└─ 赤い物質

(2) **白血球**《はっけっきゅう》…体内に入った**細菌**《さいきん》**などを分解**する。

(3) **血しょう**…**栄養分や不要な物質を運ぶ**。血しょうの一部が毛細血管からしみ出たものを**組織液**という。
└─ 細胞と血液の物質交換のなかだちをする。

☑ 不要物の排出

(1) **二酸化炭素**…**肺による呼吸**で排出《はいしゅつ》される。

(2) **アンモニア**…**肝臓**《かんぞう》で害の少ない**尿素**《にょうそ》につくり変えられ，**じん臓**でこしとられて**尿**として排出される。

☑ 感覚器官

(1) **目**…**光**の刺激《しげき》を受けとる。

◎**レンズ(水晶体**《すいしょうたい》**)**…光を屈折《くっせつ》させて**網膜**上《もうまくじょう》に像を結ぶ。

◎**網膜**…光の刺激を受けとる細胞《さいぼう》がある。

(2) **ものが見えるしくみ**…光→**レンズ**→網膜→視神経《ししんけい》→**脳**《のう》

(3) **耳**…**音**の刺激を受けとる。

【目のつくり】

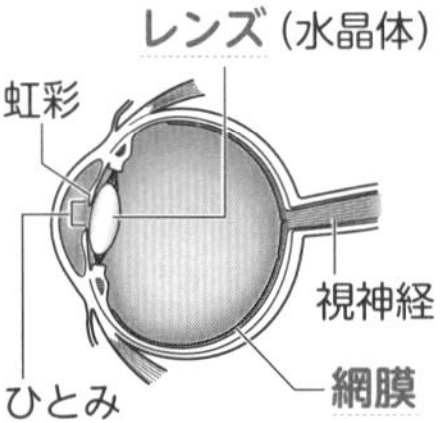

入試ナビ 反射《はんしゃ》の刺激《しげき》の信号が伝わる経路や反応時間はよく問われる。

(4) **音が聞こえるしくみ**…**音**（振動《しんどう》）→**鼓膜《こまく》**→耳小骨《じしょうこつ》→うずまき管→聴神経《ちょうしんけい》→**脳**

神経系

(1) **中枢《ちゅうすう》神経**…**脳**や**脊髄《せきずい》**。刺激を判断・処理する。

(2) **末しょう神経**…感覚神経や運動神経など。**感覚神経**は**感覚器官**で受けとった刺激の信号を**中枢神経**に伝える。**運動神経**は中枢神経からの命令の信号を筋肉（**運動器官**）や内臓に伝える。

刺激と反応

(1) **刺激の伝わり方**…刺激→感覚器官→感覚神経→脳・脊髄→運動神経→筋肉→反応

(2) **反射《はんしゃ》**…**意識に関係なく**起こる反応。反応までの時間が**短**い。
└─危険から身を守ることに役立つ。

注意 **反射では刺激の信号が脳に伝わる前に脊髄などから命令が出される。**

骨格と筋肉

(1) 骨格についている筋肉の両端《りょうたん》は**けん**になっている。筋肉が交互《こうご》に収縮して**関節**で曲がる。

注意 **うでを曲げるとき，のばすときは，どちらか一方の筋肉が縮み，もう一方の筋肉はゆるむ。**

【うでのつくり】

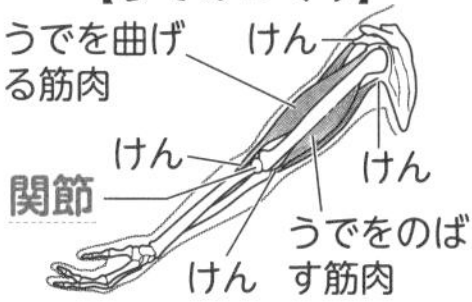

入試に出る最重要ポイント

① **肺循環で，**心臓から肺に送られた血液は，**二酸化炭素を出して酸素を受けとり，**心臓へもどる。

② **尿素**などの不要な物質は，**じん臓**でこしとられて**尿として排出**される。

③ **光の刺激**を受けとる細胞は**網膜**に，**音の刺激**を受けとる細胞は**うずまき管**にある。

15 理科[生物]

生物の成長と遺伝／進化

細胞分裂と生物の成長

(1) **細胞分裂《さいぼうぶんれつ》**… 1個の細胞が分かれ，2個の細胞になること。

(2) **染色体《せんしょくたい》**…細胞分裂のとき，**核《かく》**の中に見られるひものようなもの。

【植物の体細胞分裂】

①染色体が複製され，2倍になる。
②染色体が見えてくる。
③染色体が中央に集まる。
④染色体が両端に分かれる。
⑤2個の核ができる。
⑥細胞質が分かれて，2個の細胞ができる。
⑦それぞれの細胞が大きくなる。

有性生殖と無性生殖

(1) **有性生殖《ゆうせいせいしょく》**…**生殖細胞《せいしょくさいぼう》**が**受精《じゅせい》**して子をつくる生殖。

(2) **被子《ひし》植物の有性生殖**…**受粉**した花粉からのびた**花粉管《かふんかん》**の中を移動してきた**精細胞《せいさいぼう》の核と，胚珠《はいしゅ》の中の卵細胞《らんさいぼう》の核が合体して，受精卵《じゅせいらん》ができる。**

【被子植物の受精】

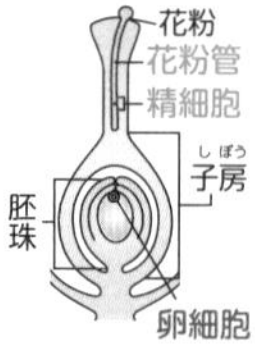

花粉
花粉管
精細胞
子房《しぼう》
胚珠
卵細胞

(3) **動物の有性生殖**…**雌《めす》の卵の核と雄《おす》の精子の核が合体して受精卵ができる。**受精卵は**体細胞分裂**をくり返して**胚《はい》**になり，個体のからだができる。

◎**発生**…**受精卵**が**胚**になり，からだのつくりが完成するまでの過程。

(4) **無性《むせい》生殖**…**受精しないで子をつくる生殖。**子の形質《けいしつ》は親の形質と**同じになる。** 例 植物の栄養《えいよう》生殖

(5) **減数分裂《げんすうぶんれつ》**…**生殖細胞**がつくられるとき，染色体の数が**もとの細胞の半分**になる特別な細胞分裂。

注意 **染色体の数が半分になった精細胞（精子）と卵細胞（卵）が受精するので，受精卵の染色体の数は親と同じになる。**

遺伝の規則性

(1) **形質**…生物の特徴《とくちょう》となる，**形や性質**など。

入試ナビ 遺伝《いでん》では，形質《けいしつ》と遺伝子《いでんし》の伝わり方をおさえておこう。

(2) **遺伝子《いでんし》**…染色体にある，**生物の形質を決めるもの。**

(3) **対立形質**…ある形質について，純系《じゅんけい》どうしのかけ合わせで**同時に現れない形質どうし**のこと。

└── 代を重ねても，常に親と同じ形質になる生物。

◎**顕性形質《けんせいけいしつ》**…対立形質のうち，**子に現れる形質。**

◎**潜性形質《せんせいけいしつ》**…対立形質のうち，**子に現れない形質。**

(4) **分離《ぶんり》の法則**…**減数分裂**のときに，**対《つい》になっている遺伝子がそれぞれ別の生殖細胞に入る**こと。

【形質と遺伝子の伝わり方（エンドウの種子の形）】

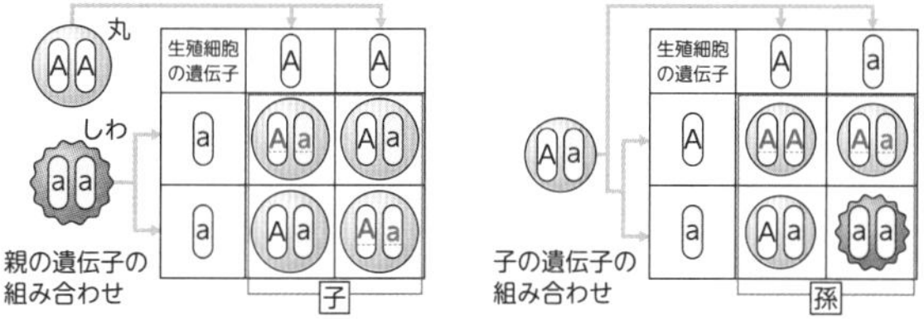

子…すべて丸　　　孫…丸：しわ＝3：1

(5) **DNA《ディーエヌエー》**（デオキシリボ核酸《かくさん》）…**遺伝子の本体**である物質。

生物の進化

(1) **進化**…長い時間をかけて代を重ねる間に，生物が変化すること。

(2) **相同器官《そうどうきかん》**…現在の形やはたらきは異なるが，**起源は同じものであった**と考えられる器官。

(3) **始祖鳥《しそちょう》**…**は虫類**と**鳥類**の**両方の特徴をもつ動物。**

入試に出る最重要ポイント

- □ ① **染色体**とは，**細胞分裂**のときに**核**の中に見られるひも状のもの。
- □ ② 植物の根では，根の**先端《せんたん》**近くに**成長点**があり，**細胞分裂**がさかん。
- □ ③ 被子植物の**柱頭**に花粉がつくと，**花粉管**がのびて中を**精細胞**が移動する。
- □ ④ **生殖細胞**は，染色体の数がもとの細胞の**半分**になる**減数**分裂でつくられる。

16 理科［生物］

自然界のつながりと人間のかかわり

食物連鎖

(1) **食物連鎖**《しょくもつれんさ》…生物どうしの**食べる・食べられる**という関係。出発点は**植物**。

◎植物⇒草食動物⇒肉食動物。

(2) **生物の数量関係**…ふつう，食べる生物より食べられる生物の方が個体数は**多い**。

注意 生物の数量が一時的に増減しても，長期的には一定に保たれる。

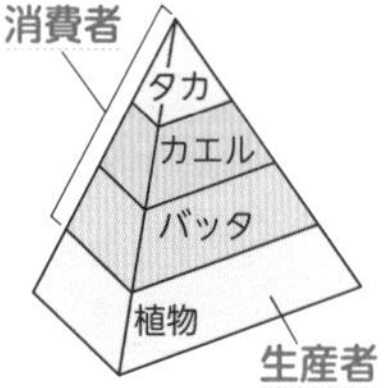

生産者・消費者・分解者

(1) **生産者**…無機物から**有機物**をつくる。**光合成**を行う**植物**など。

(2) **消費者**…ほかの生物を食べる。草食動物，肉食動物など。

(3) **分解者**…生物の死骸《しがい》やふんなどの**有機物を無機物に分解**する生物。ミミズなどの土中の小動物や，**微生物**《びせいぶつ》（**菌類**《きんるい》，**細菌類**《さいきんるい》）。

注意 分解者は消費者でもある。

物質の循環

(1) **物質の循環**《じゅんかん》…**炭素**などは，生物の活動を通じて循環している。

└─ 有機物や二酸化炭素となって循環している。

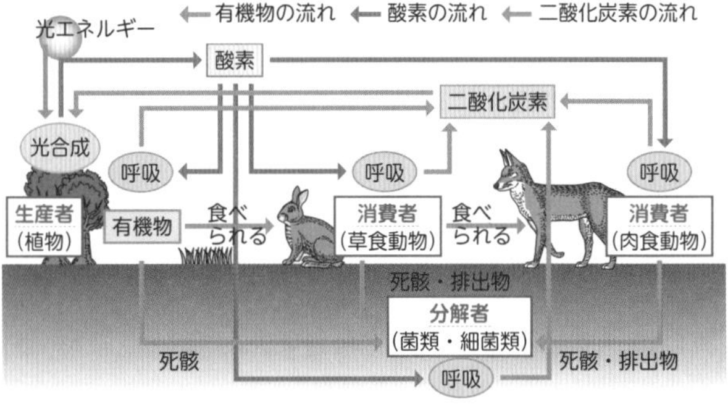

●こども家庭庁《ちょう》が発足《ほっそく》

2023年４月，こども家庭庁が発足した。こども家庭庁は子どもについての政策《せいさく》の司令塔《しれいとう》となる行政《ぎょうせい》機関で，これまで内閣府《ないかくふ》，厚生労働省《しょう》，文部科学省が別々に行っていた業務を一元化し，縦《たて》割り行政を解消《かいしょう》するためにつくられた。

●成人年齢《ねんれい》が18歳《さい》に

2018年６月，成人年齢を20歳から18歳に引き下げる改正民法と関連法が成立し，2022年４月１日に施行《しこう》された。これによって，18歳になれば親の同意がなくてもローンやクレジットカードの契約《けいやく》が可能《かのう》になった。結婚《けっこん》できる年齢はこれまで男子が18歳，女子が16歳だったが，男女ともに18歳に統一《とういつ》された。また，少年法の改正により，2022年４月から裁判員《さいばんいん》に選出される年齢も20歳から18歳に引き下げられた。

●衆議院《しゅうぎいん》の定数が465名に，参院選《さんいんせん》で２合区《ごうく》，10増《ぞう》10減《げん》

2017年６月，衆議院議員選挙の一票の格差是正《かくさぜせい》を目的とする改正公職《こうしょく》選挙法が成立した。これによって小選挙区の区割《くわ》りが変更《へんこう》され，定数は475名から465名に10減された。さらに，2022年11月には小選挙区の数を「10増《ぞう》10減《げん》」する改正公職選挙法が成立した。

同じく一票の格差が問題となっている参議院議員選挙については，2015年７月に成立した改正公職選挙法によって，選挙区選挙で鳥取県と島根県，徳島県と高知県が１つの選挙区（合区）とされ，定数が10増10減された。さらに2018年７月には，参議院の定数を242から248（選挙区148，比例代表100）に６増することが決定し，比例代表選挙では各党《かくとう》の候補者名簿《こうほしゃめいぼ》内に優《ゆう》先《せん》して当選できる特定枠《とくていわく》が創設《そうせつ》された。

衆議院	参議院
定数　465名	定数　248名
(小選挙区　289名	(選挙区　148名
比例代表　176名)	比例代表　100名)

▲衆議院と参議院の定数とその内訳

2023年10月現在

社会科
特別資料

最新ニュース

◆それぞれ該当する項目のところで，参考にしてください。

●世界と日本の人口

国連人口基金《ききん》によると，2023年の世界の人口は約80億4500万人。これまで人口が最も多い国は中国《ちゅうごく》だったが，2023年にはインド（14億2,860万人）が中国（14億2,570万人。香港《ホンコン》，マカオ，台湾《たいわん》を除《のぞ》く数値《すうち》）を抜《ぬ》いて，人口世界一になった。

総務省《そうむしょう》の発表によると，日本の人口は2023年９月時点で１億2,445万人（概算値《がいさんち》）。2005年に第二次世界大戦後初めて減少《げんしょう》に転じた後，徐々《じょじょ》に減少しており，2056年には１億人を割《わ》り込《こ》むと予測されている。

●「自然災害伝承碑《でんしょうひ》」の地図記号ができる

2019年６月，国土地理院はウェブ上の地図で，新しい地図記号「自然災害伝承碑」の掲載《けいさい》を始めた。この地図記号は，かつて起こった津波《つなみ》・洪水《こうずい》などの自然災害の被害《ひがい》を伝える石碑《せきひ》やモニュメントを表し，防災《ぼうさい》に対する意識《いしき》を高めることなどを目的としてつくられた。

●デジタル庁《ちょう》が発足《ほっそく》

2021年9月，デジタル庁が発足した。デジタル庁は省庁《しょうちょう》のデジタル化の遅《おく》れを改善《かいぜん》するためにつくられた省庁で，各省庁間のシステムの統一《とういつ》・標準化《ひょうじゅんか》や，国民が行う行政《ぎょうせい》手続きの簡素化《かんそか》などを目的としている。

●「奄美《あまみ》・沖縄」と「縄文遺跡群《じょうもんいせきぐん》」が世界遺産《いさん》に登録

2021年7月，「奄美大島《おおしま》，徳之島《とくのしま》，沖縄島北部及《およ》び西表島《いりおもてじま》」が世界自然遺産に，「北海道・北東北の縄文遺跡群」が世界文化遺産に登録された。これで日本にある世界遺産は，文化遺産が20件《けん》，自然遺産が5件の計25件となった。

※歯舞《はぼまい》諸島《しょとう》は歯舞群島《ぐんとう》に、奄美《あまみ》諸島は奄美群島に地名が統一《とういつ》された。

●北陸新幹線《ほくりくしんかんせん》が開業

2024年３月，北陸新幹線の金《かな》沢《ざわ》駅（石川県）～敦賀《つるが》駅（福井県）間が開業する。これによって，東京駅から福井駅までは現在《げんざい》より30分以上短縮《たんしゅく》されることになる。北陸新幹線は今後も延伸《えんしん》され，最終的には敦賀駅～新大阪駅（大阪府）間が開業する予定である。

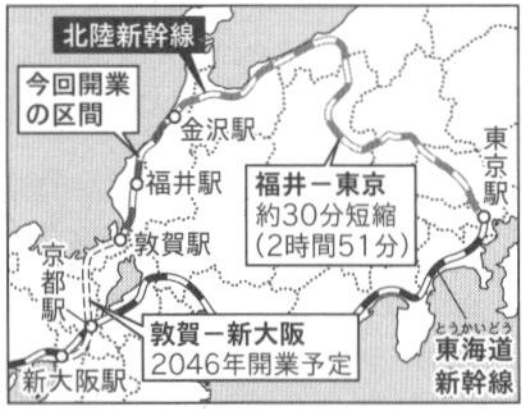

▲北陸新幹線のルート

2016年３月には，新青森駅（青森県）～新函館北斗《しんはこだてほくと》駅（北海道）間で北海道新幹線が開業した。2030年度末には札幌《さっぽろ》駅までつながる予定。

●「アイヌ施策推進法《しさくすいしんほう》」が施行《しこう》

2019年５月，アイヌ民族を支援《しえん》するための法律《ほうりつ》「アイヌ施策推進法（アイヌ民族支援法，正式名称《めいしょう》：「アイヌの人々の誇《ほこ》りが尊重《そんちょう》される社会を実現《じつげん》するための施策の推進に関する法律」）が施行された。この法律で，アイヌ民族は法律上初めて先住民族と位置づけられた。これに伴《ともな》い，「アイヌ文化振興《しんこう》法」は廃止《はいし》された。

●マケドニアが「北マケドニア」に

2019年２月，バルカン半島の国マケドニアは国名を「北マケドニア」に変更《へんこう》した。また，2018年４月にアフリカ南部の国スワジランド王国が国名を「エスワティニ王国」に変更した。2019年３月にはカザフスタンが首都名をアスタナから「ヌルスルタン」に変更したが，2022年９月に元の「アスタナ」に戻《もど》された。

●NAFTA《ナフタ》がUSMCA《ユーエスエムシーエー》に

2017年に発足《ほっそく》したアメリカのトランプ政権《せいけん》は，カナダ・メキシコと北米自由貿易《ぼうえき》協定（NAFTA）の再交渉《さいこうしょう》を進めてきた。2018年11月に新協定が署名《しょめい》され，2020年７月に新協定「アメリカ・メキシコ・カナダ協定（USMCA）」が発効《はっこう》した。これに伴《ともな》い，NAFTAは失効《しっこう》した。

●EU《イーユー》の最新動向

2016年にイギリスで国民投票が行われ，イギリスがEUを離脱《りだつ》することが決定し，2020年１月31日に正式に離脱した。

また，2023年１月にはクロアチアがEU共通通貨のユーロを導入し，導入国は20か国となった。

▲EU加盟国とユーロ導入国（2023年10月現在）

●中国《ちゅうごく》が「一人《ひとり》っ子政策《こせいさく》」を廃止《はいし》

中国は1979年以来行ってきた「一人っ子政策」を，2015年末で廃止した。一人っ子政策は夫婦《ふうふ》一組につき，子どもを１人に制《せい》限《げん》する政策で，人口を抑制《よくせい》するために行ってきた。しかし，少子高《しょうしこう》齢化《れいか》の進展《しんてん》などさまざまな問題が起こったため廃止された。

●新紙幣《しんしへい》が発行される

2024年７月前半，新紙幣が発行される。新しくなるのは，一万円札，五千円札，千円札で，肖像《しょうぞう》は一万円札が渋沢栄一《しぶさわえいいち》，五千円札が津田梅子《つだうめこ》，千円札が北里柴三郎《きたさとしばさぶろう》にかわる。新紙幣には，偽造防止《ぎぞうぼうし》のために最先端《さいせんたん》の3D《スリーディー》ホログラムが導入され，外国人や高齢者《こうれいしゃ》も使いやすいようにユニバーサルデザインが施《ほどこ》される。

は「じんずうがわ」から「じんづうがわ」に表記が変わっている。

入試ナビ 食物連鎖《しょくもつれんさ》や生物の数量関係，物質の循環《じゅんかん》がよく問われる。

□ 身近な自然環境の調査

(1)**川の水のよごれ**…水生生物の**種類**から**川の水のよごれぐあい**がわかる。

(2)**マツの気孔《きこう》のよごれ**…よごれた**気孔の数が多い**ほど，**空気がよごれている**といえる。

□ 人間の活動と自然環境

(1)**外来種《がいらいしゅ》(外来生物)**…人間によってほかの地域から持ちこまれて，定着した生物。**その地域の生態系《せいたいけい》のバランスをくずす**ことがある。

(2)**地球温暖化《ちきゅうおんだんか》**…**地球の平均気温が上昇《じょうしょう》**する現象。**化石燃料の大量消費や森林の減少**などにより**二酸化炭素**などの**温室効果《おんしつこうか》**のある気体が**増加**していることが原因の1つと考えられている。

(3)**オゾン層《そう》の破壊《はかい》**…**フロン**類によって**オゾン層が分解**され，**オゾンホール**が出現。地表に届く有害な**紫外線《しがいせん》が増加**している。

□ 自然災害

(1)**自然がもたらす災害《さいがい》**…**台風**，**地震《じしん》**，**火山の噴火《ふんか》**など。

(2)**災害への備え**…過去の自然災害について知り，将来起こる可能性のある災害について**予測**し，**防災《ぼうさい》**や**減災《げんさい》**にとり組むことが大切。

◎**ハザードマップ**…自然災害による被害《ひがい》を予測して**避難経路《ひなんけいろ》**などを示した地図。

入試に出る 入試に出る最重要ポイント

□ ① **植物**を出発点とした，生物の「**食べる・食べられる**」のつながりを**食物連鎖**という。

□ ② カビやキノコは**菌類**，乳酸菌《にゅうさんきん》や大腸菌《だいちょうきん》は**細菌類**である。

□ ③ 生物の**呼吸**で生じた**二酸化炭素**は，**光合成**の**原料**になる。

17 理科［地学］

ゆれ動く大地／火をふく大地

地震

(1)**震源《しんげん》と震央《しんおう》**…地下で**地震《じしん》が発生**した場所が**震源**，**震源の真上**の地表の地点が**震央**。

(2)**初期微動《しょきびどう》**…**はじめ**に起こる小さなゆれ。**P**波によって起こる。

(3)**主要動《しゅようどう》**…**初期微動のあと**に起こる大きなゆれ。**S**波によって起こる。

(4)**初期微動継続時間《しょきびどうけいぞくじかん》**…**P波とS波の到着時刻の差**。

注意 初期微動継続時間は震源からの距離《きょり》が大きいほど長い。

【震源と震央】

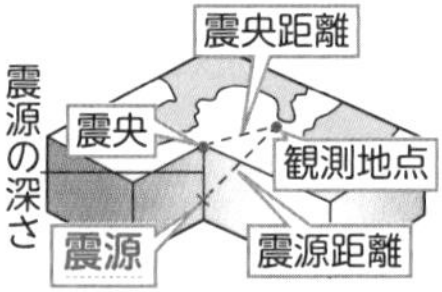

【地震計の記録】

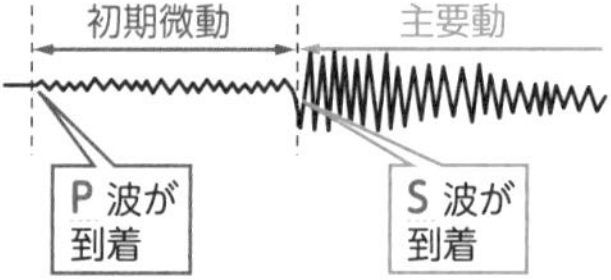

震度とマグニチュード

(1)**震度《しんど》**…**地震のゆれの程度**を表す。０～７の**10**階級。
└── 5・6に強・弱がある。

(2)**マグニチュード(M)**…地震の**規模《きぼ》**を表す値《あたい》。

地震の起こるしくみ

(1)**プレート**…地球の表面をおおう，十数枚の岩石の層。

参考 プレートはたがいに少しずつ動いている。

(2)**海溝型《かいこうがた》地震**…**海洋プレート**が**大陸プレート**の下に沈《しず》みこむ動きが原因。**プレートの境界**で起こり，**津波《つなみ》**を起こすことがある。

【プレートの動きと震源】

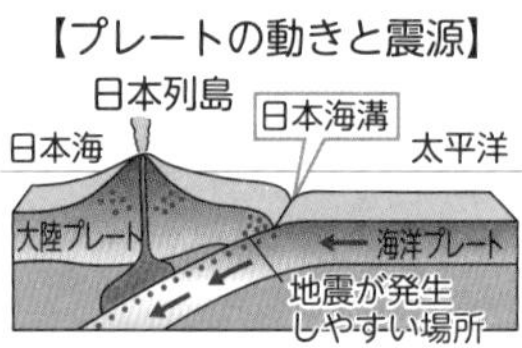

(3)**内陸型《ないりくがた》地震**…**プレート内部**で起こる。**活断層《かつだんそう》**が動くことなどにより起こる。
└── 今後もくり返し地震を起こす可能性のある断層。

入試ナビ 地震《じしん》の波の速さや，震源《しんげん》からの距離《きょり》を求める出題が目立つ。

□ 火山の形と火成岩

(1) 火山の形とマグマの性質

…マグマの**ねばりけ**で決まる。

強← マグマのねばりけ →弱		
盛り上がった形	円すい形	傾斜がゆるやかな形

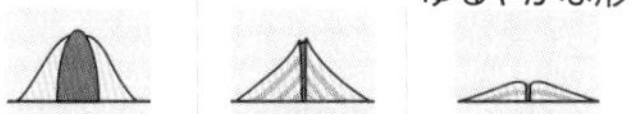

昭和新山《しょうわしんざん》	浅間山《あさまやま》	マウナロア

(2) 火成岩《かせいがん》…**マグマ**が冷えて固まった岩石。

◎**火山岩《かざんがん》**…マグマが**地表や地表近く**で**急**に冷えて固まった岩石。

◎**深成岩《しんせいがん》**…マグマが**地下深く**で**ゆっくり**冷えて固まった岩石。

【火山岩】 【深成岩】

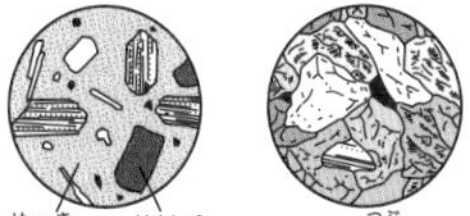

斑状《はんじょう》組織　等粒状《とうりゅうじょう》組織

(3) 火成岩をつくる鉱物《こうぶつ》…**有色鉱物《ゆうしょくこうぶつ》**，**無色鉱物**がある。

有色鉱物：黒雲母，カクセン石，カンラン石，輝石など。
無色鉱物：石英，長石

火山岩	流紋岩《りゅうもんがん》	安山岩《あんざんがん》	玄武岩《げんぶがん》
深成岩	花《か》こう岩《がん》	せん緑岩《りょくがん》	斑《はん》れい岩《がん》
色	白っぽい	←→	黒っぽい
多く ふくまれる 鉱物	石英《せきえい》，長石《ちょうせき》，黒雲母《くろうんも》	長石，輝石《きせき》，カクセン石	長石，輝石，カンラン石

入試に出る 入試に出る最重要ポイント

□ ① 地震のゆれのうち，はじめに起こる小さなゆれを**初期微動**，あとから起こる大きなゆれを**主要動**という。

□ ② 火山岩は，比較的《ひかくてき》大きな鉱物である**斑晶**のまわりを**石基**がとり囲んだ**斑状組織**である。

□ ③ 火成岩のうち，**流紋岩**，**安山岩**，**玄武岩**は火山岩，**花こう岩**，**せん緑岩**，**斑れい岩**は深成岩である。

18 理科［地学］
大地の変化

□ 風化と流水のはたらき

(1) **風化《ふうか》**…岩石が温度変化や風雨のはたらきで**くずれていく**現象。

(2) **流水のはたらき**…**侵食《しんしょく》**，**運搬《うんぱん》**，**堆積《たいせき》**。

□ 地層のでき方

(1) **地層《ちそう》**…川の水が運んできた，れき，砂《すな》，泥《どろ》などが**海底**に**堆積**してできる。

◎海岸から離《はな》れるほど**小さい粒《つぶ》**が堆積する。

【地層のでき方】

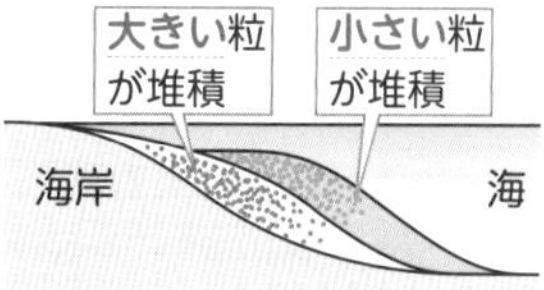

参考 ふつう，下の層ほど古く，上の層ほど新しい。

(2) **柱状図《ちゅうじょうず》**…**地層の重なり方**を模式的に柱状に表したもの。

(3) **鍵層《かぎそう》**…広範囲《こうはんい》に降り積もる**火山灰《かざんばい》の層**や，特徴的《とくちょうてき》な化石や岩石をふくむ層など，**離れた地層が同時代にできたことを調べるときの目印となる層**。

□ 大地の変動

(1) **断層《だんそう》**…地層が上下や左右にずれたもの。

(2) **しゅう曲《きょく》**…地層が横からの力で曲がったもの。

(3) **隆起《りゅうき》**…大地が**もち上がる**こと。

(4) **沈降《ちんこう》**…大地が**沈《しず》む**こと。

【断層としゅう曲】

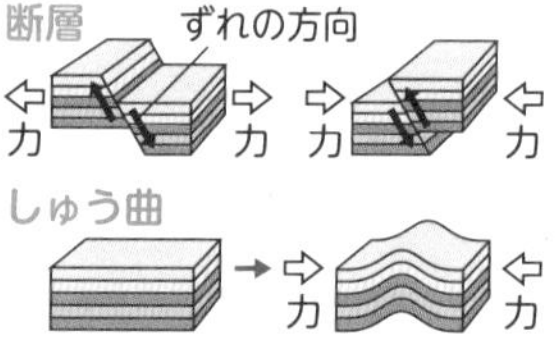

□ 堆積岩

(1) **堆積岩**…堆積物が長い時間をかけて，押《お》し固められてできた岩石。**化石**をふくむことがある。

入試ナビ 柱状図《ちゅうじょうず》の比較《ひかく》から，地層の広がりを問う出題が目立つ。

(2) **流水のはたらきでできた堆積岩**…粒が丸みを帯びている。

れき岩	おもにれきが固まってできた岩石。	粒の直径	2 mm 以上
砂《さ》岩《がん》	おもに砂が固まってできた岩石。		0.06～ 2 mm
泥《でい》岩《がん》	泥《どろ》が固まってできた岩石。		0.06mm 以下

(3) **凝灰岩《ぎょうかいがん》**…**火山灰**などが堆積して固まってできた岩石。**粒は角ばっている**ものが多い。堆積当時に**火山活動**があったことがわかる。

(4) **生物の死骸《しがい》などからできた堆積岩**

◎**石灰岩《せっかいがん》**…うすい塩酸をかけると**二酸化炭素が発生**する。

◎**チャート**…とてもかたい岩石。うすい塩酸をかけても**気体は発生しない**。

化石

(1) **示相化石《しそうかせき》**…地層が堆積した当時の**環境《かんきょう》**がわかる化石。

例 サンゴ…あたたかく**浅**い海。

例 アサリ…岸に近い浅い海。　例 シジミ…河口や湖。

(2) **示準化石《しじゅんかせき》**…地層が堆積した時代(**地質年代**)を推定《すいてい》できる化石。

◎**新生代《しんせいだい》**…**ビカリア**，ナウマンゾウ，メタセコイアなど。

◎**中生代《ちゅうせいだい》**…**アンモナイト**，恐竜《きょうりゅう》のなかまなど。

◎**古生代《こせいだい》**…**サンヨウチュウ**，フズリナなど。

入試に出る 入試に出る最重要ポイント

- ① ふつう，地層は下の層ほど**古く**，上の層ほど**新しい**。
- ② 地層の，**れき**の層は海岸近くで堆積，**砂**の層は海岸から少し離れた場所で堆積，**泥**の層は沖《おき》で堆積したと考えられる。
- ③ 火山灰の層や**化石**をふくむ層は，地層のつながりを知る手がかりになる**鍵層**になる。

19 理科［地学］

天気とその変化①

圧力と大気圧

(1) **圧力《あつりょく》**…単位面積（1 m^2 など）あたりの面を垂直に押《お》す力。
単位は**パスカル**（記号 **Pa**）または N/m^2。$1\ Pa = 1\ N/m^2$

$$\text{圧力〔Pa〕} = \frac{\text{力の大きさ〔N〕}}{\text{力がはたらく面積〔}m^2\text{〕}}$$

(2) **大気圧《たいきあつ》（気圧《きあつ》）**…大気の重さによって生じる圧力。標高が高いところほど**小さい**。単位は**ヘクトパスカル**（記号 **hPa**）。
1 hPa ＝ 100 Pa，1 気圧＝約 1013 hPa

天気図記号の表し方

【天気記号】

(1) **天気**…**天気記号**で表す。
雲量が 0 ～ 1 のときは**快晴**，2 ～ 8 のときは**晴れ**，9 ～10 のときは**くもり**。

(2) **風向《ふうこう》**…矢の**向き**で表す。

(3) **風力《ふうりょく》**…矢羽根の**数**で表す。

【天気図記号】

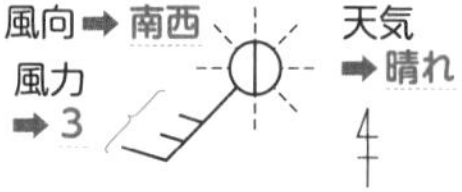

気圧と風

(1) **高気圧《こうきあつ》**…等圧線が閉じていて，**まわりより気圧が高いところ**。

(2) **低気圧《ていきあつ》**…等圧線が閉じていて，**まわりより気圧が低いところ**。

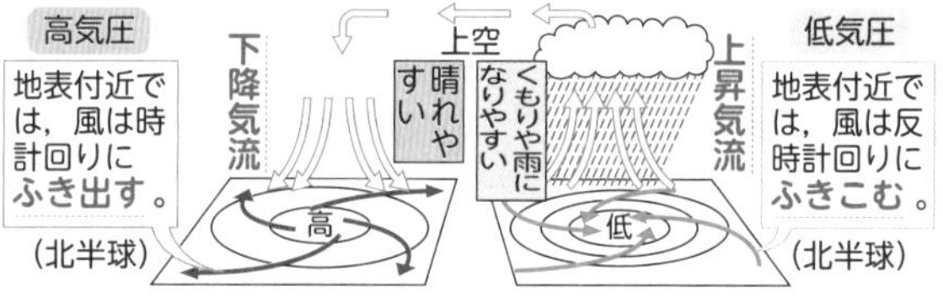

(3) **風のふき方**…気圧が**高い**方から**低い**方へふく。

注意 **等圧線の間隔《かんかく》がせまいところほど，強い風がふく！**

入試ナビ　高気圧・低気圧と風のふき方や，前線の通過による天気の変化は頻出《ひんしゅつ》！

気団と前線

(1) **気団《きだん》**…気温や湿度《しつど》がほぼ一様な空気のかたまり。

(2) **寒冷《かんれい》前線**（　　　）…寒気《かんき》が暖気《だんき》を押し上げながら進む。

(3) **温暖《おんだん》前線**（　　　）…暖気が寒気の上にはい上がりながら進む。

(4) **停滞《ていたい》前線**（　　　）…寒気と暖気の勢力がほぼ同じで，ほとんど動かない。

(5) **温帯低気圧《おんたいていきあつ》**…温暖前線（東側）と寒冷前線（西側）をともなう中緯度《ちゅういど》で発生する低気圧。

【寒冷前線の進み方】

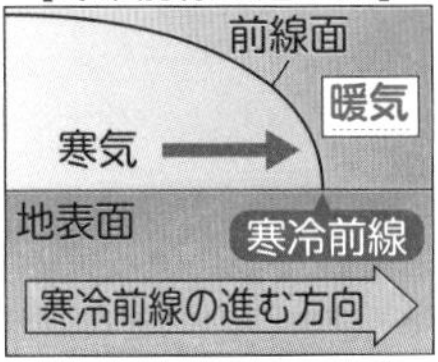

【温暖前線の進み方】

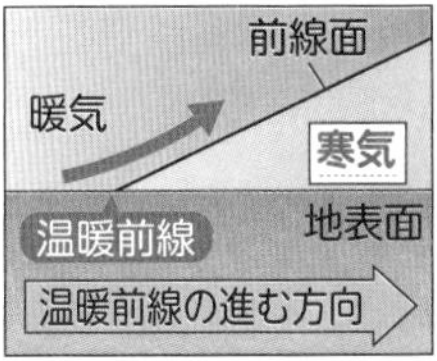

前線の通過と天気

(1) **寒冷前線の通過**…前線付近では強い**上昇気流**が生じ，**南寄りの風**がふき，**積乱雲《せきらんうん》**が発達。**せまい**範囲《はんい》に**強い雨**が**短時間降る**。
通過後→**寒気**におおわれて**気温が下がり**，**北寄りの風**がふく。

(2) **温暖前線の通過**…前線付近では**乱層雲《らんそううん》**などの層状の雲が発達し，**広い範囲**に**おだやかな雨**が**長時間降り続く**。
通過後→**暖気**におおわれて**気温が上がり**，**南寄りの風**がふく。

入試に出る　入試に出る最重要ポイント

- ① 等圧線は，1000 hPa を基準に 4 hPa ごとに実線で引き，20 hPa ごとに太線にする。
- ② **低気圧**の中心付近では，**上昇気流**が生じるため，雲が発生**しやすい**。
- ③ **寒冷前線**が通過すると，**北寄りの風**に変わり，**気温は下がる**。
- ④ 寒冷前線が温暖前線に追いつくと，**閉塞《へいそく》前線**ができる。

天気とその変化②

空気中の水蒸気

(1) **露点《ろてん》**…空気中の水蒸気が**水滴《すいてき》に変わり始めるときの温度**。水蒸気が水滴に変わることを**凝結《ぎょうけつ》**という。

注意 **露点は空気中の水蒸気量で決まり，気温は関係しない。**

【飽和水蒸気量と露点】

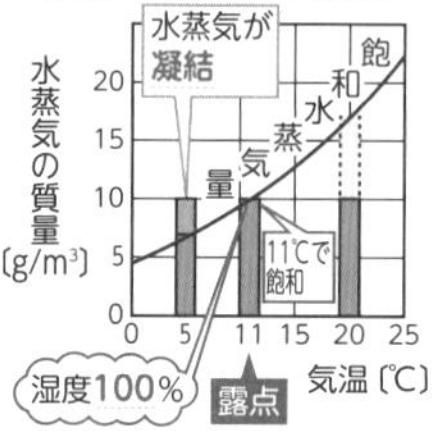

(2) **飽和《ほうわ》水蒸気量**…空気 1 m³ 中にふくむことのできる**最大限の水蒸気量**。飽和水蒸気量は**気温が高いほど大きくなる**。

(3) **湿度《しつど》**…空気の湿《しめ》りぐあい。

$$\text{湿度〔\%〕} = \frac{1\,\mathrm{m}^3\text{ の空気にふくまれる水蒸気の質量〔g/m}^3\text{〕}}{\text{その空気と同じ気温での飽和水蒸気量〔g/m}^3\text{〕}} \times 100$$

雲のでき方

(1) **雲のでき方**…水蒸気をふくんだ空気が**上《じょう》昇《しょう》**すると，**気圧が低く**なるため，**膨張《ぼうちょう》**して，**温度が下がる**。空気の温度が**露点以下**になると**水蒸気が凝結**し，**雲ができる**。

【雲のでき方】

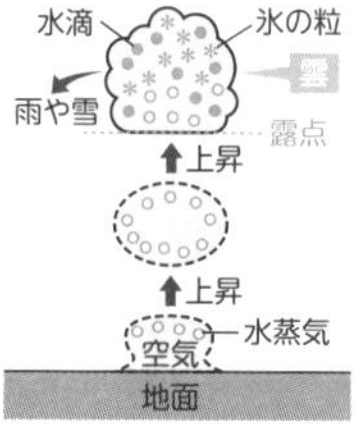

(2) **降水《こうすい》**…上空の雲をつくる水滴や氷の粒《つぶ》が大きくなり，**雨**や雪となって落ちてくる。

大気の動き

(1) **偏西風《へんせいふう》**…地球の中緯度《ちゅういど》帯の上空にふく**西風**。日本付近の**低気圧**や**移動性高気圧**を**西**から**東**へ移動させる。

季節風

(1) **陸と海のあたたまりやすさ**…陸は海に比べて，**あたたまりやすく**，**冷えやすい**。

入試ナビ 偏西風《へんせいふう》や季節風《きせつふう》，各季節の天気図の特徴はよく問われる。

(2) **季節風《きせつふう》**…大陸と海の温度差で生じる気圧差によってふく**季節に特徴的《とくちょうてき》な風**。冬は，大陸から海へ**北西**の風が，夏は海から大陸へ**南東**の風がふく。

【日本付近での季節風】

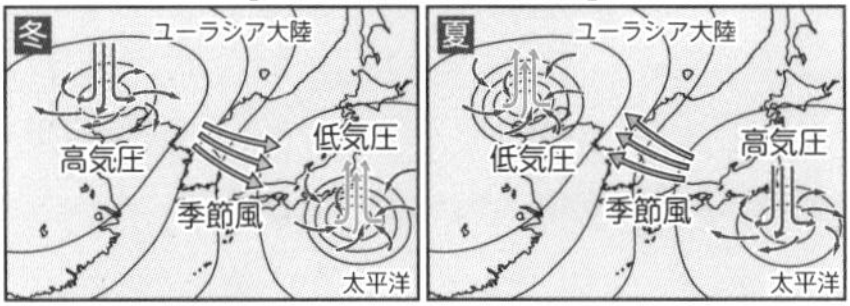

日本の天気

(1) **冬の天気**…大陸上の**シベリア高気圧**が発達し，**西高東低《せいこうとうてい》の気圧配置**になる。冷たい**北西**の季節風がふく。**日本海側**では雪やくもり，**太平洋側**では**乾燥《かんそう》した晴れの日**が多くなる。

【冬の天気図】

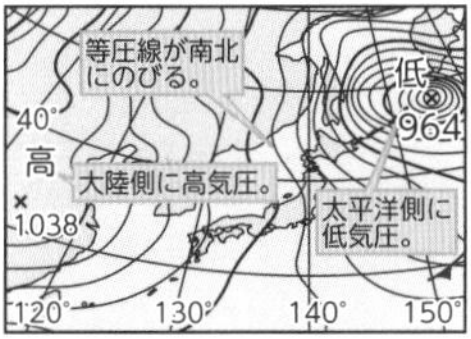

(2) **夏の天気**…**太平洋高気圧**が発達し，**南高北低《なんこうほくてい》の気圧配置**になる。あたたかい**南東の季節風がふく**。

(3) **春・秋の天気**…低気圧と**移動性高気圧**が交互《こうご》に通過する。**天気が周期的に変化する**ことが多い。

(4) **梅雨《ばいう》（つゆ）・秋雨《あきさめ》**…日本付近で東西に**停滞《ていたい》前線**がのび，**雨やくもりの日が多くなる**。
（梅雨：6月ごろ　秋雨：9月ごろ）

入試に出る最重要ポイント

① 空気が膨張すると，空気の温度は**下**がる。

② 日本付近では，冬になると大陸上に**冷たく乾燥したシベリア気団**ができる。

③ **梅雨の停滞前線**は，**小笠原《おがさわら》気団**と**オホーツク海気団**の勢力がつり合ってできる。

④ 最大風速が 17.2 m/s 以上の**熱帯低気圧**を**台風**という。

21 理科[地学]

宇宙と天体の動き

銀河系と太陽系

(1)**銀河系《ぎんがけい》**…太陽系《たいようけい》をふくむ約 2000 億個の恒星《こうせい》の集まり。

◎**恒星**…太陽のように，**自ら光や熱を出す**天体。

(2)**太陽系**…**太陽**とそのまわりを回る**惑星《わくせい》**や小天体の集まり。

太陽

(1)**黒点《こくてん》**…太陽の表面に見える**黒い部分**。まわりの温度(約 6000 ℃)より**温度が低い**（約 4000℃）ため，**黒く見える**。

(2)**南中《なんちゅう》**…太陽が**真南**にくること。

(3)**太陽の日周《にっしゅう》運動**…**地球の自転《じてん》**による，太陽の 1 日の動き。**東**の空からのぼり**南**の空を通り**西**に沈《しず》む。

◎**地球の自転**…地球が地軸《ちじく》を中心に 1 日に 1 回転すること。

星の 1 日の動き

(1)星の 1 日の動き… **1 時間で約 15°**，東から西へ動く。

(2)**北の空の星の動き**…**北極星**を中心に**反時計回り**。

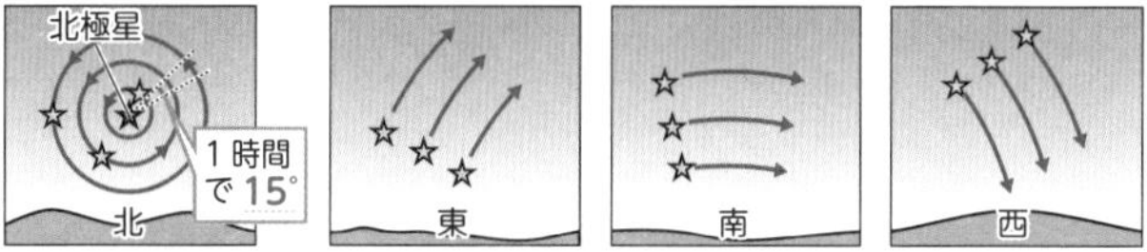

星や太陽の 1 年の動き

(1)**星の 1 年の動き**…1 日に約 1°，**1 か月で約 30° 東から西へ動く**。

(2)**太陽の 1 年の動き**…星座の間を**西**から**東**へ 1 周する。

◎**黄道《こうどう》**…天球上の太陽の**見かけの通り道**。

【午後 8 時のオリオン座】

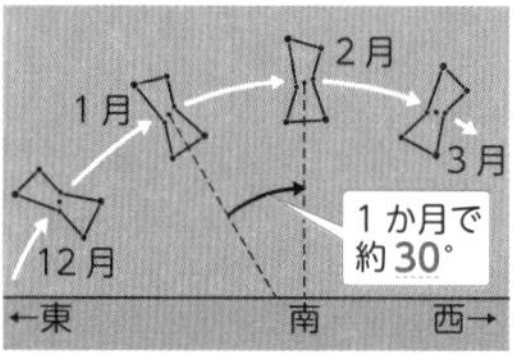

入試ナビ 月や惑星《わくせい》の動きは頻出《ひんしゅつ》。太陽・地球・月(惑星)の位置関係を確認しよう。

季節の変化が起こる理由

(1) **地球の地軸**…地球は，地軸を**公転面に垂直な線から23.4°傾《かたむ》けて**太陽のまわりを1年に**1回公転《こうてん》**している。⇒太陽の**南中高度**や**昼夜の長さ**が変わり，**季節が生じる**。

【南中高度の変化】

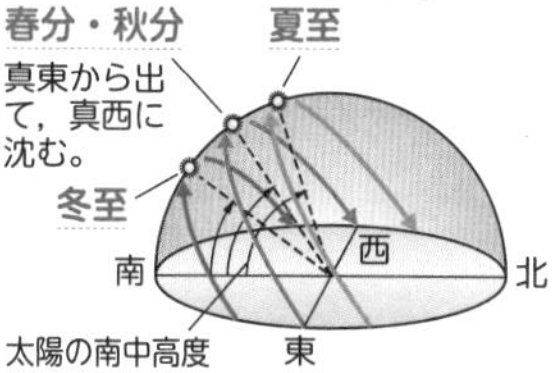

月の見え方

(1) **月の満《み》ち欠け**…月が地球のまわりを**公転**しているため。新月⇒**三日月**⇒上弦《じょうげん》の月⇒**満月**⇒下弦《かげん》の月⇒新月

(2) **月の動き**…地球が**自転**しているため，**月は東の空から出て，南を通り西に沈む**。

【月の満ち欠け】

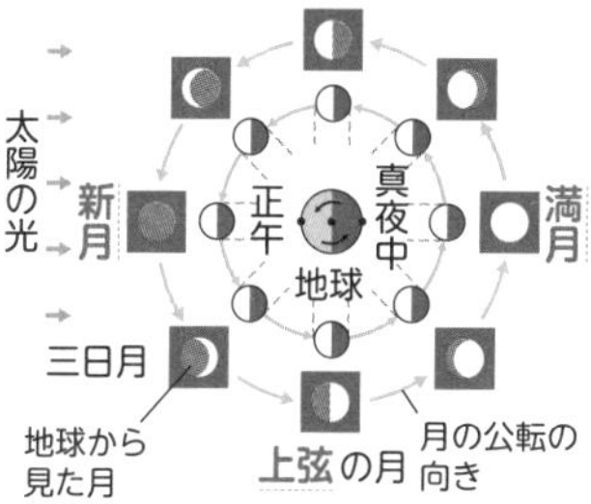

金星の見え方

(1) **よいの明星《みょうじょう》**…**夕方**に**西**の空に見える金星。

(2) **明けの明星**…**明け方**に**東**の空に見える金星。

注意 金星は地球より内側を公転しており，真夜中には見えない。

入試に出る 入試に出る最重要ポイント

- ① **太陽，月，地球**がこの順に並んだとき，**月によって太陽がかくされる現象**を**日食《にっしょく》**という。新月のときに起こることがある。
- ② **太陽，地球，月**がこの順に並んだとき，**月が地球の影《かげ》に入る現象**を**月食《げっしょく》**という。満月のときに起こることがある。

>> 英語

I 英語
現在／過去（肯定文）

☑ be 動詞の現在形は am・is・are，過去形は was・were

I am free now.　私は今，ひまです。
I was free yesterday.　私は昨日ひまでした。

◎**現在形**…主語が I なら am，3 人称単数なら is，
you や複数なら are を使う。

◎**過去形**…am と is は was，are は were となる。

例 My cat is under the chair.　私のネコはいすの下にいます。

注意 be 動詞のあとに場所を表す語句が続くと，「～にいる」「～にある」の意味。

例 Miki and I are from Sendai.　美紀と私は仙台出身です。

例 They were hungry last night.　彼らは昨夜，空腹でした。

☑ 一般動詞は3人称単数現在形に注意

He usually gets up at six.　彼はふつう6時に起きます。

◎**現在形**…主語が 3 人称単数のとき，原形に s か es をつける。

ふつう	→ s	play	→ [plays]
語尾が o, s, x, ch, sh	→ es	watch	→ [watches]
語尾が〈子音字＋ y〉	→ y を ies	study	→ [studies]

◎have は特別な形に変化して，has となる。

例 Bill has a sister.　ビルには姉[妹]がいます。

入試ナビ　不規則に変化する動詞は要注意。しっかり覚えよう！

☐ 一般動詞（規則動詞）の過去形は，～ed の形

I played soccer yesterday. 私は昨日サッカーをしました。

◎**過去形**…一般動詞の場合，原形の語尾に ed か d をつける。

ふつう	→ ed	help → [helped]
語尾が e	→ d	live → [lived]
語尾が〈子音字＋ y〉	→ y を ied	carry → [carried]
語尾が〈短母音＋子音字〉	→ 子音字を重ねて ed	stop → [stopped]

◎語尾が ed にならない不規則動詞に注意。

go（行く）→ [went]	come（来る）→ [came]
do（する）→ [did]	have（持っている）→ [had]
make（作る）→ [made]	know（知っている）→ [knew]
say（言う）→ [said]	teach（教える）→ [taught]

入試に出る 実戦問題 ＞日本文に合うように，（　　）に適する語を入れなさい。

☐ ①彼女は 10 歳です。　(She's) ten years old.

☐ ②彼は犬を飼っていました。　He (had) a dog.

☐ ③ビルは 1 週間前，動物園へ行きました。
Bill (went) to the zoo a week ago.

☐ ④彩と私は昨年，同じクラスでした。
Aya and I (were) in the same class last year.

☐ ⑤健太は毎朝，皿を洗います。
Kenta (washes) the dishes every morning.

☐ ⑥リサは 2 時間，英語を勉強しました。
Lisa (studied) English for two hours.

2

英語

現在／過去（否定文／疑問文）

be 動詞の否定文は，be 動詞のあとに not

Mark isn't a member of the tennis team.

└ = is not

マークはテニス部の部員ではありません。

◎否定文…be 動詞のあとに not。短縮形をよく使う。

例 I'm not from Kyoto.　私は京都出身ではありません。

注意 am not の短縮形はない。

例 His paintings weren't popular ten years ago.

彼の絵は 10 年前は人気がありませんでした。

be 動詞の疑問文は，be 動詞で文を始める

Are you busy? — Yes, I am. / No, I'm not.

あなたは忙しいですか。— はい。／いいえ。

◎疑問文…be 動詞で文を始める。

例 Was the movie interesting?

その映画はおもしろかったですか。

— Yes, it was. / No, it wasn't.　はい。／いいえ。

一般動詞の否定文は，動詞の前に don't, doesn't, didn't

He doesn't speak Spanish.

彼はスペイン語を話しません。

◎現在の否定文…動詞の前に don't か doesn't を入れる。

└ 主語が3人称単数のとき。

◎過去の否定文…動詞の前に didn't を入れる。

例 Yuki didn't study yesterday.　由紀は昨日，勉強しませんでした。

注意 don't, doesn't, didn't のあとの動詞は原形にする。

入試ナビ 主語と現在か過去かに着目する。疑問文では答え方にも注意。

一般動詞の疑問文は，Do，Does，Did で始める

Did you watch TV last night? — Yes, I did. / No, I didn't.

あなたは昨夜テレビを見ましたか。— はい。／いいえ。

◎現在の疑問文…Do か Does で文を始める。動詞は原形。
└ 主語が3人称単数のとき。

◎過去の疑問文…Did で文を始める。動詞は原形。

例 Does Mr. Kato swim every day?　加藤先生は毎日泳ぎますか。

疑問詞は文の最初におく

What is that? — It's a new art museum.

あれは何ですか。— 新しい美術館です。

◎疑問詞のある疑問文…疑問詞で文を始める。

例 Where did you go today?　あなたは今日どこへ行きましたか。

— I went to the aquarium.　私は水族館へ行きました。

入試に出る 実戦問題 ＞（　）内から適する語を選び，記号で答えなさい。

① He (ア isn't　イ didn't　ウ wasn't) busy yesterday.

② (ア Is　イ Are　ウ Does) it rainy today? — Yes, it is.

③ Does Maki practice karate every day?

— No, she (ア isn't　イ doesn't　ウ don't).

④ I didn't (ア study　イ studied　ウ studies) last night.

⑤ Who (ア does　イ is　ウ were) that girl?

意味 ① 彼は昨日は忙しくありませんでした。　② 今日は雨ですか。— はい。
③ 真紀は毎日，空手の練習をしますか。— いいえ。
④ 私は昨夜は勉強しませんでした。　⑤ あの少女はだれですか。

3 英語

名詞／代名詞／形容詞／副詞

□ 名詞の複数形の s のつけ方に注意

◎**数えられる名詞**… 1 つのときは前に **a** か **an** をつける。

例 I ate a pie and an orange.　私はパイとオレンジを食べました。

◎**数えられる名詞が 2 つ以上のとき**…名詞は**複数形**にする。

ふつう	→ s をつける	dog	→ [dogs]
語尾が s, x, ch, sh	→ es をつける	dish	→ [dishes]
語尾が〈子音字＋y〉	→ y を ies	city	→ [cities]
語尾が f, fe	→ f, fe を ves	leaf	→ [leaves]

◎不規則に変化する名詞もある。

man（男性）→ [men]　woman（女性）→ [women]

child（子ども）→ [children]　tooth（歯）→ [teeth]

◎**数えられない名詞**…a, an はつかず，複数形にもしない。

Japan（日本）　Bill（ビル）　English（英語）　tennis（テニス）

water（水）　milk（牛乳）　paper（紙）　rain（雨）など

□ 代名詞は文中での働きで形を使い分ける

単数				複数			
～は	～の	～を	～のもの	～は	～の	～を	～のもの
I	[my]	[me]	[mine]	we	[our]	[us]	[ours]
you	[your]	[you]	[yours]	you	[your]	[you]	[yours]
he	[his]	[him]	[his]				
she	[her]	[her]	[hers]	they	[their]	[them]	[theirs]
it	[its]	[it]	—				

例 I know her very well.　私は彼女をとてもよく知っています。

例 This is his baseball cap.　これは彼の野球帽です。

例 Those bags are theirs.　あれらのかばんは彼らのものです。

入試ナビ 代名詞の使い分けに注意。形容詞・副詞の使い方もおさえよう。

形容詞の2つの使い方に注意

This is my new bike. これは私の**新しい**自転車です。

My bike is new. 私の自転車は**新しい**。

◎形容詞は**名詞のすぐ前**にきて，その**名詞を修飾**する。

注意 -thing で終わる語を修飾する形容詞は，そのあとにおく。

◎形容詞は be **動詞のあと**にきて，**主語を説明**する。

例 I saw something white. 私には何か白いものが見えました。

例 This question is difficult. この問題は難しい。

頻度を表す副詞の位置に注意

Kenta runs very fast. 健太は**とても速く**走ります。

◎**副詞の働き**…動詞・形容詞・ほかの副詞を修飾する。

◎**頻度**《ひんど》**を表す副詞**…ふつう be **動詞のあと**，**一般動詞の前**におく。

例 He is always busy. 彼はいつも忙しいです。

例 I usually go to bed at ten. 私はたいてい 10 時に寝ます。

入試に出る 実戦問題 > 日本文に合うように，(　　)に適する語を入れなさい。

① 私は腕時計を 2 つ持っています。 I have two (watches).

② 彼らの名前を私に教えて。 Tell (me) (their) names.

③ この CD は私のものです。 This CD is (mine).

④ 赤は私の大好きな色です。 Red is my (favorite) (color).

⑤ 私はよくここで泳ぎます。 I (often) swim (here).

4

英語

未来の文／進行形

未来のことは be going to で表す

I'm going to do my homework tomorrow.

私は明日，宿題をするつもりです。

◎「～するつもりだ」と予定を表すときは，〈be going to＋動詞の原形〉を使う。

◎**否定文・疑問文**…ふつうの be 動詞の文と作り方は同じ。

例 We are going to play tennis.　私たちはテニスをする予定です。

注意 be は主語によって，am, is, are を使い分ける。

例 Jim isn't going to study science this afternoon.

ジムは今日の午後は理科を勉強するつもりはありません。

例 Are you going to clean the park next week? — Yes, I am.

あなたは来週，公園をそうじする予定ですか。— はい。

例 What are you going to do tomorrow?

あなたは明日は何をするつもりですか。

未来のことは〈will＋動詞の原形〉を使っても表せる

It will be hot this weekend.　今週末は暑いでしょう。

◎未来のことは，〈will＋動詞の原形〉でも表せる。

注意 will のあとの動詞は主語に関係なく，いつでも原形にする。

◎**否定文**…will のあとに not を入れる。短縮形は won't。

◎**疑問文**…Will で文を始める。答えるときも will を使う。

例 He won't watch TV tonight.　彼は今夜テレビを見ないでしょう。

例 Will they come here soon?　彼らはまもなくここへ来ますか。

— Yes, they will. / No, they won't.　はい。／いいえ。

入試ナビ 未来の文は英作文でも頻出。動詞の ing 形の作り方に注意！

進行形は〈be 動詞+動詞の ing 形〉

Lisa is playing the piano. リサはピアノを弾いています。

◎**現在進行形**…〈am, is, are＋動詞の ing 形〉で表す。「(今)～している」という意味。

◎**過去進行形**…〈was, were＋動詞の ing 形〉で表す。「～していた」という意味。

◎**動詞の ing 形**…動詞の原形の語尾に ing をつける。

ふつう	→ そのまま ing	study	→ [studying]
語尾が e	→ e をとって ing	make	→ [making]
〈短母音＋子音字〉	→ 子音字を重ねて ing	run	→ [running]

◎**否定文・疑問文**…ふつうの be 動詞の文と作り方は同じ。

例 It wasn't snowing then.　そのとき雪は降っていませんでした。

例 Is Bill reading a book? — Yes, he is. / No, he isn't.

ビルは本を読んでいますか。— はい。／いいえ。

入試に出る **実戦問題** ＞(　　)内から適する語(句)を選び，記号で答えなさい。

①(ア I　イ I'll　ウ I'm) going to visit Nara this fall.

② He'll (ア is　イ be　ウ was) twenty next week.

③(ア Will　イ Do　ウ Is) Lisa call me tonight?

④ Yuki and I (ア am not　イ wasn't　ウ weren't) talking then.

⑤ What are you (ア did　イ doing　ウ do)? — I'm studying.

意味 ① 私はこの秋，奈良を訪れる予定です。　② 彼は来週 20 歳になります。　③ リサは今夜，私に電話をくれるでしょうか。　④ 由紀と私はそのとき話していませんでした。　⑤ あなたは何をしているのですか。— 私は勉強しています。

5 英語
助動詞

「～できる」は can

Kenta can run very fast.

健太はとても速く走れます。

◎「～できる」は，〈can＋動詞の原形〉で表す。

◎否定文…cannot か can't を動詞の原形の前に入れる。
└ cannot の短縮形。

◎疑問文…Can で文を始める。動詞は原形にする。

◎Can I ～? は，許可を求めて「～してもいいですか」。

◎Can you ～? は，依頼を表して「～してくれますか」。

例 He cannot / can't read Chinese.　彼は中国語が読めません。

例 Can you play chess? — Yes, I can. / No, I cannot / can't.

あなたはチェスができますか。— はい。／いいえ。

例 Can I turn on the light?　電気をつけてもいいですか。

「～しなければならない」は must か have to

I must study today.

私は今日，勉強しなければなりません。

◎「～しなければならない」は，〈must＋動詞の原形〉。

◎have to も「～しなければならない」という意味を表す。

注意 主語が3人称単数で現在の文なら has to。過去の文なら had to。

◎must not は，「～してはいけない」という意味。

◎don't have to は，「～する必要はない」という意味。
└ 主語が3人称単数なら doesn't have to。

例 He has to write a letter.　彼は手紙を書かなければなりません。

例 You mustn't drink this water.　あなたはこの水を飲んではいけません。
└ must not の短縮形。

例 You don't have to come here.　あなたはここへ来る必要はありません。

入試ナビ 助動詞の文では，動詞はいつでも原形を使うことに注意。

may，should，shall の使い方を覚えよう

May I use your pen? あなたのペンを使ってもいいですか。
— Sorry, I'm using it now. すみません，今使っています。

◎May I ～? は，許可を求めて「**～してもいいですか**」。Can I ～? よりもていねいな言い方。
◎「**～したほうがよい**」「**～するべきだ**」は，should で表す。
◎「**(私が)～しましょうか**」は，Shall I ～? で表す。
◎「**(いっしょに)～しましょうか**」と誘うときは，Shall we ～? で表す。

例 May I sit here? — Sure.
ここにすわってもいいですか。— いいですよ。

例 You should take a bus. あなたはバスに乗るほうがいいですよ。

例 Shall I carry your bag? — Yes, please.
(私が)あなたのかばんを持ちましょうか。— はい，お願いします。

例 Shall we sing together? いっしょに歌いましょうか。

入試に出る 実戦問題

> 日本文に合うように，(　　)に適する語を入れなさい。

① リサは上手に料理できますか。(Can) Lisa (cook) well?

② あなたは今日，家にいる必要はありません。
You (don't) (have) (to) stay home today.

③ 塩を取ってくれますか。(Can) (you) pass me the salt?

④ それを試着してもいいですか。(May / Can) (I) try it on?

⑤ 彼はもっと熱心にピアノを練習しなければなりません。
He (must) (practice) the piano harder.

6

英語

疑問詞／命令文

疑問詞は文の最初におく

What sports do you like? — I like soccer.

何のスポーツが好きですか。— 私はサッカーが好きです。

◎疑問詞の意味と答え方を確認しておこう。

例 Who made this pizza? — My father did.

だれがこのピザを作りましたか。— 私の父です。

例 When is your math test? — Next Monday.

あなたの数学のテストはいつですか。— 次の月曜日です。

例 Where do you live? — I live in Sapporo.

あなたはどこに住んでいますか。— 私は札幌に住んでいます。

例 Why are you tired? — Because I worked hard.

あなたはなぜ疲れているのですか。— 熱心に働いたからです。

例 Which bus goes to the station? — That one does.

どの[どちらの]バスが駅へ行きますか。— あのバスです。

例 Whose ticket is this? — It's mine.

これはだれの切符ですか。— 私のです。

how は「どうやって」「どんなふうで」

How was the movie? **映画はどうでしたか。**

◎how と形容詞・副詞を組み合わせた疑問文にも注意。

例 How many cats do you have? ネコを何匹飼っていますか。

例 How much are they? それらはいくらですか。

例 How old is your school? あなたの学校は創立何年ですか。

例 How long did you study? どのくらい長く勉強しましたか。

入試ナビ 疑問詞を選ぶ問題では答えの文に着目することがポイント。

命令文は動詞で文を始める

Listen to me carefully. 私の言うことをよく聞きなさい。

◎「～しなさい」…**動詞の原形**で文を始める。be 動詞の文は Be で始める。

◎「～してはいけません」…〈Don't＋**動詞の原形** ～.〉の形。

◎「～しましょう」…〈Let's＋**動詞の原形** ～.〉の形。

例 Sit down, please.　すわってください。

注意 please をつけると，やわらかい言い方になる。

例 Don't be afraid.　怖がらないで。

例 Let's play baseball.　野球をしましょう。

入試に出る 実戦問題

＞日本文に合うように，(　　)に適する語を入れなさい。

① 静かにしなさい。　(Be) quiet.

② ドアに触れないで。　(Don't) touch the door.

③ なぜ彼が好きなのですか。　(Why) do you like him?

＞(　　)内から適する語を選び，記号で答えなさい。

④ (ア When　イ Which　ウ Where) card do you want?
— I want this red one.

⑤ (ア How　イ Who　ウ Why) did you get here?
— By bike.

⑥ (ア When　イ Which　ウ Where) are you from?
— I'm from Canada.

意味
④ あなたはどのカードがほしいですか。— 私はこの赤いのがほしいです。
⑤ あなたはどうやってここに来ましたか。— 自転車でです。
⑥ あなたはどこの出身ですか。— 私はカナダ出身です。

7

英語

〈to ＋動詞の原形〉

□〈to ＋動詞の原形〉の基本の使い方は 3 つ

I want to be a singer. 私は歌手になりたいです。

He came to help me. 彼は私を手伝いに来ました。

I have a lot of work to do.

私にはするべき仕事がたくさんあります。

◎〈to＋動詞の原形〉は文の中で次のような働きをする。

①「～すること」という意味で，おもに**動詞の目的語**になる。

└ be 動詞のあとにくることもある。

例 I like to read books. 私は本を読むことが好きです。

②「～するために」という意味で，**動作の目的**を表す。

例 I got up early to run. 私は走るために早く起きました。

例 I'm happy to hear that. 私はそれを聞いてうれしいです。

注意「～してうれしい」などの意味で，感情の原因も表す。

③「～するための，～すべき」という意味で，**前の名詞や代名詞**を後ろから**修飾**する。

-thing の形。┘

例 I want something to eat. 私は何か食べるものがほしい。

□「～することは…だ」は it を主語にする

It is important to communicate with many people.

多くの人とコミュニケーションをとることは大切です。

◎「～することは…だ」は，It is … to ～. で表す。to のあとは**動詞の原形**。この it には「それ」の意味はない。

◎to ～の動作をする人は，〈for＋人〉で表す。

例 It's easy for him to read English books.

彼には英語の本を読むことは簡単です。

入試ナビ 〈to＋動詞の原形〉の基本の意味と使い方は要チェック！

「～のしかた」は how to ～

Do you know how to use this computer?
あなたはこのコンピューターの**使い方**を知っていますか。

◎〈**疑問詞＋to ～**〉はひとまとまりで，**動詞の目的語**になる。
「何を～したらよいか」 → what to ～
「いつ～したらよいか」 → when to ～
「どこで～したらよいか」 → where to ～
◎〈**to＋動詞の原形**〉を使った重要表現も確認しておこう。
「(人)に～してほしい」 → want 人 to ～
「(人)に～するように言う」 → tell 人 to ～
「(人)に～するように頼む」 → ask 人 to ～
「…すぎて～できない」 → too … to ～

例 I asked him to help me. 私は彼に私を手伝ってくれるように頼みました。

例 It's too cold to swim today. 今日は寒すぎて泳げません。

入試に出る **実戦問題** ＞日本文に合うように，(　　)に適する語を入れなさい。

①雨が降り始めました。 It started (to) (rain).
②起きる時間です。 It's (time) (to) get up.
③私はその話を聞いて悲しかった。
I was (sad) (to) (hear) the story.
④両親は私に教師になってほしいと思っています。
My parents (want) (me) (to) be a teacher.
⑤その質問に答えるのは私には難しかった。
(It) was difficult (for) me (to) answer the question.

8 英語

前置詞／接続詞

時や場所を表す前置詞 at, in, on の使い方

◎at, in, on は，時や場所を表すときによく使われる。

[at] ten	10時に	[in] winter	冬に
[on] Monday	月曜日に	[at] noon	正午に
[in] an hour	1時間後に	[in] 2013	2013年に
[on] April 2	4月2日に	[in] the morning	午前中に
[in] the box	箱の中に	[on] the wall	壁に
[on] the chair	いすの上に	[at] school	学校で

◎次のような前置詞にも注意。

[after] dinner	夕食後に	[during] vacation	休暇中に
[for] an hour	1時間	[without] water	水なしで
[in] English	英語で	[by] car	車で

接続詞 that はよく省略される

I think that she's right. 私は彼女が正しいと思います。

◎接続詞 that は，あとに〈主語＋動詞 ～〉の文が続いて，「～ということ」の意味を表す。

◎接続詞の that は省略されることが多いので注意。

「私は～だと思う」 → I think that ～.

「私は～ということを知っている」 → I know that ～.

「私は～だといいなと思う」 → I hope that ～.

例 I hope she will get well soon.

彼女がすぐによくなるといいのですが。

注意 上の文は hope のあとに接続詞 that が省略されている。

入試ナビ 前置詞の使い分けに注意。接続詞は意味と使い方をおさえる。

接続詞 when, if, because の使い方

I lived in Paris when I was young.
= When I was young, I lived in Paris.

私は若いとき，パリに住んでいました。

◎「～のとき」というときは，when ～で表す。
◎「もし～ならば」というときは，if ～で表す。
◎「(なぜなら)～だから」というときは，because ～で表す。

例 We'll go camping if it's sunny tomorrow.
= If it's sunny tomorrow, we'll go camping.
もし明日晴れなら，私たちはキャンプに行きます。

注意 when や if に続く文では，未来のことでも動詞は現在形を使う。

例 I like Judy because she is kind to everyone.
ジュディーはみんなに親切なので，私は彼女が好きです。

入試に出る 実戦問題
> 日本文に合うように，(　　)に適する語を入れなさい。

① 金曜日の９時に駅で会いましょう。
Let's meet (at) the station (at) nine (on) Friday.

② 私は彼女がネコが好きだということを知っています。
I (know) (that) she likes cats.

③ もしあなたが家に来てくれたら，私はうれしいです。
I'll be happy (if) (you) (come) to my house.

④ あなたが駅に着いたときに私に電話をしてください。
Please call me (when) (you) (arrive) at the station.

9 英語

比較

「…よりも～」は比較級，「いちばん～」は最上級を使う

I'm older than Bill. 私はビルよりも年上です。

I get up the earliest in my family.

私は家族の中でいちばん早く起きます。

◎「…よりも～」は〈**比較級＋ than …**〉。

◎「…の中でいちばん～」は〈**the＋最上級＋ of / in …**〉。

◎比較級は **er**, 最上級は **est** を形容詞・副詞の語尾につける。

ふつうは er，est	→ old	―[older]―[oldest]
語尾が e なら r，st	→ large	―[larger]―[largest]
y を i に変えて er，est	→ happy	―[happier]―[happiest]
子音字を重ねて er，est	→ big	―[bigger]―[biggest]

注意 不規則に変化する語もある。

good (よい), well (上手に) ― better ― best

many (多数の), much (多量の) ― more ― most

◎比較的つづりの長い語は，**more**，**most** を前につける。

例 This is the most famous picture of all.

これはすべての中でいちばん有名な写真[絵]です。

「…と同じくらい～」は as ～ as …

I'm as busy as my mother. 私は母と同じくらい忙しい。

◎「**…と同じくらい～**」というときは，**as ～ as** …を使う。as と as の間には変化しない**もとの形（原級）**が入る。

◎**not as ～ as** …は「**…ほど～ではない**」という意味。

例 I can't swim as fast as Yuki. 私は由紀ほど速く泳げません。

入試ナビ　比較級・最上級の作り方をおさえる。不規則変化に注意。

better, best を使った比較の文に注意

I like cats better than dogs.　私は犬よりもネコが好きです。

I like red the best of all colors.

私はすべての色の中で赤**がいちばん好き**です。

◎「B よりも A のほうが好きだ」は，like A better than B。

◎「…の中で A がいちばん好きだ」は，like A the best of / in …。
（the はつけないこともある。）

例 Which do you like better, music or P.E.?

あなたは音楽と体育とでは，どちらのほうが好きですか。

— I like P.E. better.　私は体育のほうが好きです。

例 What color do you like the best?　あなたは何色がいちばん好きですか。

— I like blue the best.　私は青がいちばん好きです。

入試に出る 実戦問題

＞（　　）内から適する語(句)を選び，記号で答えなさい。

① He's (ア tall　イ taller　ウ the tallest) of the five.　（ウ）

② This computer is (ア more　イ better　ウ the most) useful than that one.　（ア）

③ Aya is as old (ア as　イ than　ウ of) my brother.　（ア）

＞日本文に合うように，(　　)に適する語を入れなさい。

④ あなたはリンゴよりもオレンジのほうが好きですか。

Do you (like) oranges (better) (than) apples?

⑤ 私は母ほど忙しくありませんでした。

I (wasn't) (as) (busy) (as) my mother.

意味　① 彼は5人の中でいちばん背が高いです。　② このコンピューターはあのコンピューターよりも役に立ちます。　③ 彩は私の兄[弟]と同じ年です。

10 英語

受け身

受け身は〈be 動詞+過去分詞〉の形

This room is used every day.

この部屋は毎日使われています。

◎現在の受け身…〈am, is, are＋過去分詞〉で表す。
「～される」「～されている」という意味。

◎過去の受け身…〈was, were＋過去分詞〉で表す。
「～された」「～されていた」という意味。

◎「～によって」と行為をする人を表すときは，by を使う。

例 We are invited to Sarah's birthday party every year.
私たちは毎年サラの誕生日パーティーに招待されます。

例 This doghouse was made by her.
この犬小屋は彼女によって作られました。

注意 by のあとの語が代名詞のときは，目的格を使う。

過去分詞は不規則変化に注意

The singer is known in Japan.

その歌手は日本では知られています。

◎過去分詞は，規則動詞なら過去形と同じ形で，最後が ed。

◎不規則動詞は 1 語 1 語覚える。特に過去形と形が異なる語に注意する。

break（こわす）	→[broken]	know（知っている）	→[known]
see（見る）	→[seen]	speak（話す）	→[spoken]
take（取る）	→[taken]	write（書く）	→[written]

入試ナビ be 動詞の使い分けと過去分詞（動詞の変化形の 1 つ）に注意。

否定文・疑問文の作り方は be 動詞の文と同じ

The singer is not known in Japan.

その歌手は日本では**知られていません。**

Was this car washed yesterday? — Yes, it was.

この車は昨日，**洗われましたか。** — はい，**洗われました。**

◎**否定文**…be 動詞のあとに not を入れる。

例 This building wasn't built last year.

この建物は昨年建てられたのではありません。

注意 短縮形の isn't, aren't, wasn't, weren't もよく使われる。

◎**疑問文**…be 動詞で文を始める。

例 Is Chinese spoken here? — Yes, it is. / No, it isn't.

ここでは中国語が話されていますか。— はい。／いいえ。

入試に出る 実戦問題 > 日本文に合うように，（　　）に適する語を入れなさい。

① 卵はここで売られています。 **Eggs (are) (sold) here.**

② この車は日本では作られていません。

This car (isn't) (made) in Japan.

③ この古い皿は彼によって見つけられました。

This old dish (was) (found) (by) him.

④ これらの詩は 2000 年に書かれたのですか。— はい。

(Were) these poems (written) in 2000?

— Yes, they (were).

⑤ あの絵はいつ描かれましたか。

(When) (was) that picture painted?

現在完了形

現在完了形は〈have ＋過去分詞〉の形

I have just washed the dishes.

私はちょうど皿を洗ったところです。

◎現在完了形は，〈have ＋過去分詞〉の形で表す。
主語が３人称単数のときは，〈has ＋過去分詞〉となる。

◎「～したところだ」の意味で，動作や状態の「完了」を表す。

◎否定文…have/has のあとに not。短縮形は haven't/hasn't。

◎疑問文…Have か Has で文を始める。

例 He hasn't finished dinner yet.　彼はまだ夕食を終えていません。

例 Have you read the book yet? — Yes, I have./No, not yet.

あなたはその本をもう読みましたか。— はい。／いいえ，まだです。

注意 yet は否定文では「まだ」，疑問文では「もう」という意味。

「経験」を表す現在完了形

Kate has seen the movie three times.

ケイトはその映画を３回見たことがあります。

◎現在完了形は「～したことがある」という「経験」の意味も表す。

例 I've been to Hawaii once.　私はハワイに一度行ったことがあります。

└ I have の短縮形。

注意 have been to ～で「～へ行ったことがある」の意味。

例 We have never heard the name.

└「一度も～したことがない」は not より never をよく使う。

私たちはその名前を一度も聞いたことがありません。

例 Has Sam ever skied? — Yes, he has./No, he hasn't.

サムは今までにスキーをしたことがありますか。— はい。／いいえ。

注意 否定文では never（一度も～ない），疑問文では ever（今までに）をよく使う。

入試ナビ 動詞の形に注意。否定文や疑問文でも過去分詞を使う。

「継続」を表す現在完了形と現在完了進行形

I have known him for five years.

私は5年間ずっと彼を知っています（5年前から彼と知り合いです）。

He has been watching TV since this morning.

彼は今朝からずっとテレビを見ています。

◎現在完了形は「**ずっと～している**」の「**継続**」の意味も表す。

◎watch(見る)やrun(走る)などの**動作を表す動詞**のときは〈have [has] been **＋動詞のing形**〉の現在完了進行形を使う。

└ 主語が3人称単数のとき。 └「ずっと～し続けている」

例 I haven't seen him for a week.　私は1週間，彼に会っていません。

例 Have you been busy this week? — Yes, I have. / No, I haven't.

あなたは今週ずっと忙しいのですか。— はい。／いいえ。

例 Has it been raining for three days? — Yes, it has. / No, it hasn't.

3日間ずっと雨が降っているのですか。— はい。／いいえ。

入試に出る 実戦問題 ＞日本文に合うように，(　　)に適する語を入れなさい。

① 彼らは午前10時からずっと走っています。
They have (been) (running) (since) 10 a.m.

② サリーは一度も野球をしたことがありません。
Sally (has) (never) (played) baseball.

③ 彼はどのくらいの間そこに住んでいますか。—1年間です。
(How) long (has) he (lived) there? — (For) a year.

④ あなたはもうメールを送りましたか。— いいえ，まだです。
(Have) you (sent) the e-mail (yet)? — No, not yet.

12 英語

関係代名詞／分詞

「人」を修飾するときは who を使う

I want to meet the person who made this chair.

私はこのいすを作った人に会いたいです。

◎関係代名詞の **who, which, that** は，**名詞に後ろから文の形で説明を加える**働きをする。

◎「人」に説明を加えるときは，関係代名詞 who を使う。

└ that を使うこともできる。

◎ who のあとは，**動詞**が続く。（主格の関係代名詞）

例 I know a boy who sings very well.

私はとても上手に歌う男の子を知っています。

注意 関係代名詞のあとの動詞の形は，現在の文では修飾される名詞（ここでは a boy。先行詞という）の人称・数によって決まる。

「物」を修飾するときは which / that を使う

The bus which / that goes to the station has just left.

駅へ行くバスはちょうど出発したところです。

◎「人」以外の**「物」「動物」「事」**に説明を加えるときは，関係代名詞の which か that を使う。

◎ which / that のあとは，**動詞**が続く（主格の関係代名詞）。
〈主語＋動詞 ～〉の文も続く（目的格の関係代名詞）。

例 Look at the picture which / that I took yesterday.

私が昨日撮ったこの写真を見て。

注意 関係代名詞のあとに〈主語+動詞 ～〉が続いているときは，関係代名詞の which や that は省略することができる。

入試ナビ 名詞を後ろから修飾する形に注意。修飾関係をつかむこと。

「～している」は ing 形，「～された」は過去分詞

the girl reading a book 本を読んでいる女の子

the book written by her 彼女によって書かれた本

◎「～している○○」の意味で名詞を修飾…ing形を使う。

◎「～された○○」の意味で名詞を修飾…過去分詞を使う。

例 Who is the girl sitting on the bench?

ベンチにすわっている女の子はだれですか。

例 I have a bike made in Germany.

私はドイツで作られた（＝ドイツ製の）自転車を持っています。

注意 ing 形や過去分詞があとに語句を伴うときは，名詞の後ろにくる。

例 Look at the crying baby. 泣いている赤ちゃんを見て。

└ ing 形や過去分詞だけのときは名詞の前におく。

入試に出る 実戦問題

＞日本文に合うように，（　　）内の語（句）を並べかえなさい。

① 私が昨日読んだ本はおもしろかった。

(yesterday / I / read / which / the book) was interesting.

② これは 2010 年に建てられた博物館です。

(is / a museum / in 2010 / this / built).

③ 健とテニスをしている女の子は私の妹です。

(Ken / the girl / playing / with / tennis) is my sister.

④ 彼は昨年カナダから来た生徒です。

He is (from / the student / came / Canada / who) last year.

解答 ① The book which I read yesterday (was interesting.) ② This is a museum built in 2010(.) ③ The girl playing tennis with Ken (is my sister.) ④ (He is) the student who came from Canada (last year.)

13 英語

いろいろな文 ①

「～に見える」は look, 「～になる」は become

Bill looks sad. ビルは悲しそうに見えます。

Yuki became famous. 由紀は有名になりました。

◎「～に見える」は, 〈look ＋形容詞〉で表す。
look のあとに名詞が続くときは, **look like ～** を使う。

◎「～になる」は, 〈become ＋名詞［形容詞］〉。
「(ある状態)になる」は, 〈get ＋形容詞〉。
「～に聞こえる」は, 〈sound ＋形容詞〉。

例 Ken looks like his grandpa.　健は彼の祖父に似ています。
└ is でもよい。

例 That sounds great.　すばらしいですね。(すばらしく聞こえます。)

例 It's getting cold these days.　最近寒くなってきています。
└ becoming でもよい。

give, show, tell のあとは〈人＋物〉の語順

I'll give you this book. あなたにこの本をあげます。

◎「(人)に(物)をあげる」は, 〈give ＋人＋物〉の語順。
「(人)に(物)を見せる」は, 〈show ＋人＋物〉の語順。
「(人)に(物)を話す［教える］」は, 〈tell ＋人＋物〉の語順。

注意 「人」にあたる語が「私に」なら me,「彼に」なら him,「彼女に」なら her など, 代名詞の場合は目的格を使う。

例 Can you show me your notebook?
私にあなたのノートを見せてくれますか。

例 Mr. Smith told us an interesting story.
スミス先生は私たちにおもしろい物語を話してくれました。

入試ナビ give, show, tell のあとに〈人＋物〉が続く語順に注意。

call, make の文は語順に注意

We call him Ken. 私たちは彼を健と呼びます。

◎「A を B と呼ぶ」は，call A B。

注意 A には名詞か代名詞，B には「呼び名」が入る。

◎「A を B にする」は，make A B。

注意 A には名詞か代名詞，B には形容詞か名詞が入る。

◎「A を B と名づける」は，name A B。

例 The news made them sad.

その知らせは彼らを悲しくさせました。

例 We named our baby Lisa.

私たちは赤ちゃんをリサと名づけました。

入試に出る 実戦問題 ＞日本文に合うように，(　　)に適する語を入れなさい。

① それはよさそうに聞こえます。 That (sounds) nice.

② 健は歌手になりました。 Ken (became) a singer.

③ 彼は疲れているように見えました。 He (looked) tired.

＞日本文に合うように，(　　)内の語(句)を並べかえなさい。

④ 父が私にいくらかアドバイスをしてくれました。
(advice / gave / some / me / my father).

⑤ 私をアンと呼んでください。 Please (me / Ann / call).

⑥ あなたに私の絵を見せましょう。
(you / I’ll / my painting / show).

解答 ④ My father gave me some advice(.)　⑤ (Please) call me Ann(.)
⑥ I’ll show you my painting(.)

14 英語

いろいろな文 ②

仮定法は現在の事実に反することを仮定する

If I were free, I could go with you.

もし私がひまなら，あなたといっしょに行くことができるのに。

◎「もし～だったら，…なのに」のように，現在の事実に反することを仮定するときは，〈If＋主語＋動詞の過去形 ～，主語＋助動詞の過去形(could, would など)＋動詞の原形 ….〉の形で表す。

◎「～だったらいいのに」のように，現実にはありえない願望を表すときは，〈I wish＋主語＋動詞の過去形 ～.〉や〈I wish＋主語＋could＋動詞の原形 ～.〉の形で表す。

例 If I had a lot of money, I could buy that smartphone.

たくさんのお金があれば，あのスマートフォンを買えるのに。

例 I wish you were here now.　あなたが今ここにいればいいのに。

注意 仮定法では，be 動詞の過去形は主語に関係なく，ふつう were を使う。

「(人)に～させる」は〈let＋人＋動詞の原形〉

Let me introduce myself.

私に自己紹介をさせてください。

◎「(人)に～させる」は，〈let＋人＋動詞の原形〉の形で表す。

◎「(人)が～するのを手伝う」は，〈help＋人＋動詞の原形〉の形。

例 My father didn't let me go out last night.

父は昨夜，私を外出させてくれませんでした。

例 They helped her carry the boxes.

彼らは彼女が箱を運ぶのを手伝いました。

入試ナビ 仮定法の文の形や，〈let ＋人〉のあとの動詞の形に注意。

感嘆文は，How か What で始める

How fast! なんて速いのでしょう！

What a fast runner! なんて速いランナーでしょう！

◎「なんて～でしょう！」の意味で，驚きや喜びを表すときは，〈How ＋形容詞［副詞］(＋主語＋動詞)!〉か〈What ＋(a, an ＋)形容詞＋名詞(＋主語＋動詞)!〉の形で表す。

〈tell ＋人〉のあとに that ～が続く形に注意

He told me that he was tired.

彼は私に疲れていると言いました。

◎「(人)に～ということを言う［示す］」は，〈tell［show］＋人＋that ＋主語＋動詞 ～〉の形で表す。
└ that は省略されることもある。

◎〈be 動詞 ＋ 感情を表す形容詞(afraid, sure, glad, happy など)〉も，あとに〈that ＋主語＋動詞 ～〉を続けることができる。
└ that は省略されることもある。

例 I'm afraid that it will be rainy tomorrow.
└ that は省略されることもある。

残念ですが明日は雨だと思います。

入試に出る 実戦問題

＞日本文に合うように，(　　)に適する語を入れなさい。

① 今日が晴れだったら，テニスができるのに。
If it (were) sunny today, I (could) (play) tennis.

② 彼は私がカレーを料理するのを手伝ってくれました。
He (helped) me (cook / make) curry.

③ 私は，私たちがまた会えることがうれしいです。
I'm (happy / glad) (that) we can meet again.

15 英語

いろいろな文 ③

「～がいる[ある]」は There is ～. で表す

There is an egg in the box. 箱の中に卵が1個あります。

There are ten dogs over there. 向こうに犬が10匹います。

◎「(…に)～がいる[ある]」…There is ＋単数名詞 ….

There are ＋複数名詞 ….

◎**過去の文**…名詞が単数なら There was ～.

名詞が複数なら There were ～.

◎**否定文・疑問文**…ふつうの be 動詞の文と作り方は同じ。

例 There were not any stars in the sky.

＝There were no stars in the sky.

空には星が1つもありませんでした。

例 Is there a station near here?　この近くに駅はありますか。

— Yes, there is. / No, there is not.　はい。／いいえ。

動詞の ing 形は,「～すること」の意味も表す

Did you finish washing the car? 車を洗い終えましたか。

◎動詞の ing形(動名詞)は，動詞の目的語の働きをして，「～すること」という意味を表す。

例「～して楽しむ」→ enjoy ~ing　例「～するのをやめる」→ stop ~ing

例「～し終える」　→ finish ~ing

◎動名詞は文の主語にもなる。be 動詞，前置詞のあとでも使う。

例 Singing is a lot of fun.　歌うことはとても楽しい。

└ 主語。

例 Thank you for calling.　電話をしてくれてありがとう。

└ 前置詞のあと。

入試ナビ　間接疑問文は語順を間違えやすいので要注意！

別の文の中に入った疑問文は語順に注意

Do you know who he is?

あなたは**彼がだれか**知っていますか。

◎whoなどの疑問詞で始まる疑問文が別の文の中に入ると，疑問詞のあとは〈**主語＋動詞**〉の語順になる。

◎疑問詞が主語の場合は，**語順は変わらない**。

もとの疑問文　What does he have?　彼は何を持っていますか。

動詞を3人称単数・現在形にする。

I don't know what he has.

私は彼が何を持っているのか知りません。

注意　別の文の中に入った疑問文を間接疑問（文）という。

例　Please tell me who wrote this letter.

だれがこの手紙を書いたのか教えてください。

入試に出る　**実戦問題**　＞日本文に合うように，（　　）に適する語を入れなさい。

□ ①私たちはテニスをして楽しみました。
We (enjoyed) (playing) tennis.

□ ②この町には図書館が２つあります。
(There) (are) two libraries in this town.

□ ③いつパーティーが始まったか知っていますか。
Do you know (when) the party (started / began)?

□ ④公園を走るのはどうですか。
How about (running) in the park?

16 英語 熟語

動詞の働きをする熟語

□ I am interested in history.　私は歴史に興味があります。

□ Bill is good at cooking.　ビルは料理が得意です。

□ Your dream will come true.　あなたの夢はかなうでしょう。

□ I agree with you.　私はあなたに賛成です。

□ I was late for class.　私は授業に遅れました。

□ I'm looking forward to seeing you.
私はあなたにお会いできるのを楽しみにしています。

□ What are you looking for?　あなたは何を探しているのですか。

□ Did you have a good time at the party?
あなたはパーティーで楽しい時間を過ごしましたか。

□ Can you help me with my homework?
私の宿題を手伝ってくれますか。

□ I have to take care of my dog.
私は犬の世話をしなければなりません。

□ Our town is famous for its cherry trees.
私たちの町は桜(の木)で有名です。

□ Don't take pictures / photos here.
ここで写真を撮ってはいけません。

□ Where should I get off the train?
私はどこで電車を降りたらいいですか。
注意「(電車)に乗る」は get on ～。

□ I like to go shopping with my friends.
私は友達と買い物に行くのが好きです。

入試ナビ　熟語はさまざまな形で問われるので，しっかり覚えること。

形容詞の働きをする熟語

□ [a] [lot] [of] flowers　たくさんの花
□ [lots] [of] notebooks　たくさんのノート
□ a [few] pens　2，3 本のペン
□ [thousands] [of] people　何千人もの人々
□ a [kind] [of] fruit　一種の果物
□ [a] [cup] [of] tea　カップ 1 杯の紅茶
□ [a] [glass] [of] water　コップ 1 杯の水

副詞の働きをする熟語

□ at [first]　最初は
□ at [last]　ついに
□ [over] there　向こうに
□ [one] day　ある日
□ at [home]　家で
□ after [school]　放課後
□ for [example]　例えば
□ of [course]　もちろん
□ for a [long] [time]　長い間
□ [all] [over] the world　世界中で
└ around the world という言い方もある。
□ for the [first] [time]　初めて

そのほかの熟語

□ smile at [each] [other]　お互いにほほえむ
└ one another という言い方もある。
□ [in] [front] [of] my house　私の家の前に
□ [because] [of] the heavy rain　大雨のせいで
□ [thanks] [to] your advice　あなたの助言のおかげで
□ one [after] [another]　次々に

17 英語

会話表現

あいさつ

□ A: How are you? お元気ですか。

B: I'm fine, thank you. 元気です，ありがとう。

□ A: Nice to meet you. はじめまして。

B: Nice to meet you, too. こちらこそ，はじめまして。

依頼・提案など

□ A: Will / Can you open the door? ドアを開けてくれますか。

B: Sure. いいですよ。

注意 ていねいに頼むときは，Could you ～? / Would you ～? を使う。

□ A: Would you like to come with me? 私と来ませんか。

B: I'd love to. ぜひそうしたいです。

□ A: Would you like some tea? お茶はいかがですか。

B: Yes, please. はい，お願いします。

□ A: How about playing golf? ゴルフをするのはどうですか。

B: That's a good idea. いい考えですね。

□ A: Why don't we go camping? キャンプに行きませんか。

B: Sounds nice! いいですね！

道をたずねるとき

□ Could you tell me the way to the hospital?

病院へ行く道を教えてくださいませんか。

□ Is there a flower shop near here? この近くに生花店はありますか。

□ How can I get / go to the city hall?

市役所へはどうやって行けますか。

入試ナビ 場面ごとによく使われる表現をおさえておこう。

電話

□ A: Hello. This is Sam. もしもし。こちらはサムです。
May / Can I speak to Aki? 亜紀さんをお願いできますか。
B: Sorry, she's out. すみませんが，彼女は留守です。

□ A: Is Ann there? アンさんはいますか。
B: Speaking. 私です。

□ Shall I take a message? 伝言をうかがいましょうか。

□ Can I leave a message? 伝言をお願いできますか。

□ I'll call back later. あとでかけ直します。

買い物・注文

□ A: May I help you? ご用件をうかがいましょうか。
B: I'm looking for a coat. コートを探しています。

□ A: How / What about this one? こちらはいかがですか。
B: I'll take / buy it. それにします。
How much is it? いくらですか。
A: Five dollars, please. 5ドルです。

□ A: Do you have a bigger one? もっと大きいのはありますか。
B: Here you are. はい，どうぞ。

□ A: One cola, please. コーラを１つお願いします。
B: Anything else? ほかにはございますか。
A: That's all. それで全部です。

体調や様子をたずねるとき

□ What's the matter? / What's wrong? どうしたのですか。

18

英語

語形変化

間違えやすい動詞の ing 形

原形	ing 形	原形	ing 形
begin（始める）	[beginning]	die（死ぬ）	[dying]
make（作る）	[making]	plan（計画する）	[planning]
run（走る）	[running]	sit（すわる）	[sitting]
see（見る）	[seeing]	swim（泳ぐ）	[swimming]
use（使う）	[using]	write（書く）	[writing]

よく出る不規則変化動詞

原形	3 単現	過去形	過去分詞
be（be 動詞）	[is]	[was, were]	[been]
become（～になる）	[becomes]	[became]	[become]
begin（始める）	[begins]	[began]	[begun]
break（こわす）	[breaks]	[broke]	[broken]
bring（持ってくる）	[brings]	[brought]	[brought]
build（建てる）	[builds]	[built]	[built]
buy（買う）	[buys]	[bought]	[bought]
come（来る）	[comes]	[came]	[come]
cut（切る）	[cuts]	[cut]	[cut]
do（する）	[does]	[did]	[done]
eat（食べる）	[eats]	[ate]	[eaten]
find（見つける）	[finds]	[found]	[found]
fly（飛ぶ）	[flies]	[flew]	[flown]
get（手に入れる）	[gets]	[got]	[got / gotten]
give（与える）	[gives]	[gave]	[given]

入試ナビ つづりを間違えると減点されてしまうので，正確に覚えよう。

原形	3単現	過去形	過去分詞
go（行く）	[goes]	[went]	[gone]
have（持っている）	[has]	[had]	[had]
hear（聞こえる）	[hears]	[heard]	[heard]
know（知っている）	[knows]	[knew]	[known]
leave（去る）	[leaves]	[left]	[left]
lose（失う）	[loses]	[lost]	[lost]
make（作る）	[makes]	[made]	[made]
meet（会う）	[meets]	[met]	[met]
read（読む）	[reads]	[read]	[read]
注意 read の過去形・過去分詞は [red レッド] と発音する。			
ride（乗る）	[rides]	[rode]	[ridden]
run（走る）	[runs]	[ran]	[run]
say（言う）	[says]	[said]	[said]
see（見える）	[sees]	[saw]	[seen]
sell（売る）	[sells]	[sold]	[sold]
send（送る）	[sends]	[sent]	[sent]
sing（歌う）	[sings]	[sang]	[sung]
sit（すわる）	[sits]	[sat]	[sat]
speak（話す）	[speaks]	[spoke]	[spoken]
stand（立つ）	[stands]	[stood]	[stood]
take（取る）	[takes]	[took]	[taken]
teach（教える）	[teaches]	[taught]	[taught]
tell（伝える）	[tells]	[told]	[told]
think（思う）	[thinks]	[thought]	[thought]
write（書く）	[writes]	[wrote]	[written]

>> 数学

I 数学［数と式］
正負の数の計算

正負の数の加法・減法

(1) **同《どう》符《ふ》号《ごう》の2数の和** … 絶対値の和に**共通の符号**

(2) **異符号の2数の和** … 絶対値の差に,絶対値の**大きい**ほうの符号

例 $(-1)+(-3)=-(1+3)$ ← 共通の符号
$=-4$ ← 絶対値の和

例 $(+2)+(-3)=-(3-2)$
$=-1$ ← 絶対値の差

(3) **正負の数の減法** … ひく数の符号を変えて**加法**になおす。

例 $(-3)-(+1)=(-3)+(-1)=-(3+1)=-4$
加法になおす　符号を変える

正負の数の乗法・除法

(1) **同符号の2数の積(商)** … 絶対値の積(商)に**＋**の符号

(2) **異符号の2数の積(商)** … 絶対値の積(商)に**－**の符号

例 $(-2)\times(-5)=10$ ←「＋」は省略してよい

例 $(-4)\div(+2)=-2$

(3) **3つ以上の数の積(商)の符号** … 負の数が
- **偶数《ぐうすう》個**…＋
- **奇数《きすう》個**…－

例 $(-2)\times(-1)\times(-3)=-(2\times1\times3)=-6$

四則の混じった計算

(1) **計算の順序** … ①かっこの中, **累乗《るいじょう》** ➡ ②乗除 ➡ ③**加減**

例 $2\times(-3)^2+1=2\times9+1=18+1=19$
（①→②→③）

参考 $-3^2=-(3\times3)=-9$, $(-3)^2=(-3)\times(-3)=9$

入試ナビ 四則の混じった計算は頻出《ひんしゅつ》。計算の順序や符号のミスに注意！

入試に出る

実戦例題解法

1 加減の混じった計算

$-2+(-2)-(-4)$ を計算しなさい。

注目 **かっこのない式**になおしてから計算

$$-2+(-2)-(-4)=-2-2+4$$

かっこをはずす

$$=0$$ 答

参考 かっこのはずし方

$+(+□)=+□$

$+(-□)=-□$

$-(+□)=-□$

$-(-□)=+□$

2 乗除の混じった計算

$\frac{2}{3}\div\left(-\frac{4}{9}\right)\times\left(-\frac{5}{6}\right)$ を計算しなさい。

注目 除法を，**逆数**を使って**乗法になおしてから計算**

$$\frac{2}{3}\div\left(-\frac{4}{9}\right)\times\left(-\frac{5}{6}\right)=\frac{2}{3}\times\left(-\frac{9}{4}\right)\times\left(-\frac{5}{6}\right)$$

逆数をかける

負の数の個数で符号を決める

$$=+\left(\frac{2}{3}\times\frac{9}{4}\times\frac{5}{6}\right)=\frac{5}{4}$$ 答

3 四則の混じった計算

$-4^2\div2-(3-4)$ を計算しなさい。

注目 **①かっこの中，累乗→②乗除→③加減**の順に計算

$$-4^2\div2-(3-4)=-16\div2-(-1)$$ ← 累乗とかっこの中を計算

①　②　③

$$=-8+1=-7$$ 答

↑ $-(-□)=+□$

数学

2 数学［数と式］
式の計算

単項式の計算

(1) **単項式《たんこうしき》の加減** … 同類項（文字の部分が同じ項）をまとめる。

例 $5a+2b-3a+4b=(5-3)a+(2+4)b$
同類項をまとめる
$=2a+6b$ ← 係数どうしを計算

(2) **単項式の乗法** … 係数の積に文字の積をかける。

例 $6a\times3ab=6\times3\times a\times a\times b=\mathbf{18a^2b}$

(3) **単項式の除法** … **分数**の形，または**逆数をかける形**にする。

例 $8xy\div4x=\dfrac{8xy}{4x}=\mathbf{2y}$ ← $8xy\times\dfrac{1}{4x}$ としてもよい

多項式の計算

(1) **多項式の加減** … **かっこをはずして**，同類項をまとめる。

例 $(a+3b)-(2a+2b)=a+3b-2a-2b=\mathbf{-a+b}$
各項の符号を変えてかっこをはずす

(2) **（単項式）×（多項式）** … **分配法則**を使ってかっこをはずす。

(3) **（多項式）÷（単項式）** … 多項式の各項を**単項式**でわる。

例 $2a(2a+b)$
$=4a^2+\mathbf{2ab}$

例 $(2xy+10y^2)\div2y$
$=\dfrac{2xy}{2y}+\dfrac{\mathbf{10y^2}}{\mathbf{2y}}=x+5y$

乗法公式と因数分解

乗法公式 →

(1) $(x+a)(x+b)=x^2+(a+b)x+ab$

(2) $(x+a)^2=x^2+2ax+a^2$

(3) $(x-a)^2=x^2-2ax+a^2$

(4) $(x+a)(x-a)=x^2-a^2$

← 因数分解

入試ナビ 分数の形の式，乗法公式を組み合わせた加減の問題が目立つ。

入試に出る

実戦例題解法

1 分数の形の式の加減

$\dfrac{a+2b}{2}-\dfrac{2a+b}{3}$ を計算しなさい。

注目 **通分**して，分子の同類項をまとめる

$$\frac{a+2b}{2}-\frac{2a+b}{3}=\frac{3(a+2b)-2(2a+b)}{6}$$

注意 分子の式にかっこをつけて計算する。

$$=\frac{3a+6b-4a-2b}{6}=\frac{-a+4b}{6}$$ 答

2 式の四則混合計算

$(x+1)^2-(x-3)(x+2)$ を計算しなさい。

注目 **乗法公式を使って展開**して，同類項をまとめる

$(x+1)^2-(x-3)(x+2)$

$(x+a)^2=x^2+2ax+a^2$　　$(x+a)(x+b)=x^2+(a+b)x+ab$

$=x^2+2x+1-(x^2-x-6)$ ← ひく式にはかっこをつける

$=x^2+2x+1-x^2+x+6=3x+7$ 答

3 因数分解

$2x^2-72$ を因数分解しなさい。

注目 **共通因数**をくくり出し，**公式**を利用

$2x^2-72=2(x^2-36)=2(x+6)(x-6)$ 答

共通因数　　$x^2-a^2=(x+a)(x-a)$

3 数学［数と式］

平方根

根号をふくむ式の乗法・除法

(1) 乗法 … $\sqrt{a}\times\sqrt{b}=\sqrt{ab}\quad(a>0,\ b>0)$

(2) 除法 … $\sqrt{a}\div\sqrt{b}=\dfrac{\sqrt{a}}{\sqrt{b}}=\sqrt{\dfrac{a}{b}}\quad(a>0,\ b>0)$

例 $\sqrt{3}\times\sqrt{5}=\sqrt{3\times5}=\sqrt{15}$　例 $\sqrt{14}\div\sqrt{7}=\dfrac{\sqrt{14}}{\sqrt{7}}=\sqrt{\dfrac{14}{7}}=\sqrt{2}$

(3) 根号のついた数の変形

$a\sqrt{b}=\sqrt{a^2b},\ \sqrt{a^2b}=a\sqrt{b}\quad(a>0,\ b>0)$

例 $3\sqrt{2}=\sqrt{3^2\times2}=\sqrt{18}$　例 $\sqrt{20}=\sqrt{2^2\times5}=2\sqrt{5}$

(4) 分母の有理化 … $\dfrac{a}{\sqrt{b}}=\dfrac{a\times\sqrt{b}}{\sqrt{b}\times\sqrt{b}}=\dfrac{a\sqrt{b}}{b}$

例 $\dfrac{2}{\sqrt{3}}=\dfrac{2\times\sqrt{3}}{\sqrt{3}\times\sqrt{3}}=\dfrac{2\sqrt{3}}{3}$ ← 分母にある根号のついた数を、分母と分子にかける

根号をふくむ式の加法・減法

(1) 加法 … $m\sqrt{a}+n\sqrt{a}=(m+n)\sqrt{a}$

(2) 減法 … $m\sqrt{a}-n\sqrt{a}=(m-n)\sqrt{a}$

例 $2\sqrt{2}+4\sqrt{2}=6\sqrt{2}$　例 $8\sqrt{3}-3\sqrt{3}=5\sqrt{3}$

根号をふくむ式の展開

(1) 分配法則や乗法公式を使ってかっこをはずす。

例 $\sqrt{2}(\sqrt{2}+\sqrt{3})=\sqrt{2}\times\sqrt{2}+\sqrt{2}\times\sqrt{3}=2+\sqrt{6}$

例 $(2+\sqrt{5})(2-\sqrt{5})=2^2-(\sqrt{5})^2=4-5=-1$

→ $(x+a)(x-a)=x^2-a^2$

入試ナビ 平方根の計算は，三平方の定理などでも使われる。

入試に出る

実戦例題解法

1 根号をふくむ式の乗除の混じった計算

$\sqrt{18}\div\sqrt{8}\times4\sqrt{2}$ を計算しなさい。

注目 根号の中を簡単な数にして，**1つの分数の形**にする

$$\sqrt{18}\div\sqrt{8}\times4\sqrt{2}=\frac{3\sqrt{2}\times4\sqrt{2}}{2\sqrt{2}}=6\sqrt{2}$$ 答

根号の中を簡単な数にする

約分 $\dfrac{3\times\cancel{\sqrt{2}}^{1}\times\cancel{4}^{2}\times\sqrt{2}}{\cancel{2}_{1}\times\cancel{\sqrt{2}}_{1}}$

注意 $\sqrt{\ }$ の中の数は，簡単な数になおして答える。

2 根号をふくむ式の四則の混じった計算

$\dfrac{24}{\sqrt{6}}-\sqrt{2}\times3\sqrt{3}$ を計算しなさい。

注目 **分母を有理化**してから計算

$$\frac{24}{\sqrt{6}}-\sqrt{2}\times3\sqrt{3}=\frac{24\times\sqrt{6}}{\sqrt{6}\times\sqrt{6}}-3\sqrt{6}=4\sqrt{6}-3\sqrt{6}$$

有理化

$$=\sqrt{6}$$ 答

3 根号をふくむ式の展開

$(\sqrt{2}+\sqrt{3})^2-\sqrt{6}$ を計算しなさい。

注目 **乗法公式**を使って，かっこをはずす

$$(\sqrt{2}+\sqrt{3})^2-\sqrt{6}=(\sqrt{2})^2+2\times\sqrt{3}\times\sqrt{2}+(\sqrt{3})^2-\sqrt{6}$$

$(x+a)^2$
$=x^2+2ax+a^2$

$$=2+2\sqrt{6}+3-\sqrt{6}$$

$$=5+\sqrt{6}$$ 答

数学

4 数学［方程式］

方程式

1次方程式の解き方

(1) 文字の項《こう》は左辺に，数の項は右辺に移項して，$\boldsymbol{ax=b}$ の形にして解く。

例 $4x-1=2x+7$
移項
$4x-2x=7+1$
$2x=8$，$x=4$

連立方程式の解き方

(1) **加減法**…1つの文字の**係数の絶対値をそろえて**，2式の辺どうしをたすかひくかして，その文字を消去して解く。

例 $\begin{cases} x+4y=-3 & \cdots① \\ -x-3y=2 & \cdots② \end{cases}$

①＋②

$$\begin{array}{rr} & x+4y=-3 \\ +) & -x-3y=2 \\ \hline & y=-1 \end{array}$$

$y=-1$ を①に代入して，$x+4\times(-1)=-3$，$x=1$

(2) **代入法**…一方の式を「$\boldsymbol{x=\sim}$」や「$\boldsymbol{y=\sim}$」の形にし，それを他方の式に代入して，1つの文字を消去して解く。

例 $\begin{cases} y=-2x+5 & \cdots① \\ 3x+y=7 & \cdots② \end{cases}$

①を②に代入して，
$3x+(-2x+5)=7$，$x=2$

$x=2$ を①に代入して，$y=-2\times2+5=1$

2次方程式の解き方

(1) **因数分解の利用**…（2次式）$=0$ の形に整理し，左辺を因数分解する。$\boldsymbol{(x-a)(x-b)=0}$ ならば，$\boldsymbol{x=a}$，$\boldsymbol{x=b}$

例 $x^2+x-12=0$，$(x+4)(x-3)=0$，$x=-4$，$x=3$

(2) **2次方程式の解の公式の利用**

2次方程式 $ax^2+bx+c=0$ の解は，$\boldsymbol{x=\dfrac{-b\pm\sqrt{b^2-4ac}}{2a}}$

例 $x^2+5x+3=0$ ←解の公式に $a=1$，$b=5$，$c=3$ を代入

$$x=\frac{-5\pm\sqrt{5^2-4\times1\times3}}{2\times1}=\frac{-5\pm\sqrt{25-12}}{2}=\frac{-5\pm\sqrt{13}}{2}$$

入試ナビ 方程式の中でも2次方程式の出題が多い。解き方を確実に。

入試に出る 実戦例題解法

1 係数に分数をふくむ1次方程式

方程式 $\frac{1}{2}x+3=\frac{1}{3}x+4$ を解きなさい。

注目 両辺に**分母の最小公倍数**をかけて，分母をはらう

(かっこをつける)

$\frac{1}{2}x+3=\frac{1}{3}x+4$，$\left(\frac{1}{2}x+3\right)\times 6=\left(\frac{1}{3}x+4\right)\times 6$，

(2と3の最小公倍数)

$3x+18=2x+24$，$3x-2x=24-18$，$x=6$ 答

2 連立方程式

連立方程式 $\begin{cases} 2x-5y=-4 & \cdots① \\ 3x-2y=5 & \cdots② \end{cases}$ を解きなさい。

注目 1つの文字の**係数の絶対値をそろえて加減**

$$\begin{array}{lr} ①\times 3 & 6x-15y=-12 \\ ②\times 2 & -)\ 6x-\ \ 4y=\ \ 10 \\ \hline & -11y=-22 \end{array} \to y=2$$

$y=2$ を①に代入して，$2x-10=-4$，$x=3$

よって，$x=3$，$y=2$ 答

3 かっこのある2次方程式

方程式 $(x-5)^2=-2x+10$ を解きなさい。

注目 かっこをはずして，**(2次式)=0** の形に整理

$(x-5)^2=-2x+10$，$x^2-10x+25=-2x+10$，

$x^2-8x+15=0$，$(x-3)(x-5)=0$，$x=3$，$x=5$ 答

5 数学［方程式］

方程式の応用

方程式の解と係数

⑴**解と係数の問題の解き方**…わかっている**解を代入**して，別の文字についての方程式をつくる。

例 xについての方程式 $-2x+8a=x+3a$ の解が5のときの a の値《あたい》を求める。

$x=5$ を方程式に代入して，$-2\times5+8a=5+3a$

これを解くと，$8a-3a=5+10$，$5a=15$，$a=3$

立式によく使われる公式や表し方

⑴**数の表し方**…文字を使ってそれぞれの数を表す。

例 nを整数とすると，偶数《ぐうすう》…$2n$，奇数《きすう》…$2n+1$（または，$2n-1$）

連続する３つの整数…$n-1$，n，$n+1$（または，n，$n+1$，$n+2$）

十の位がx，一の位がyの２けたの自然数…$10x+y$

⑵**代金の関係を表す式**…**代金＝単価×個数**

例 1個x円のみかん5個と，1個y円のりんご2個を買ったときの代金は，$5x+2y$（円）

⑶**速さの関係を表す式**…**速さ＝道のり÷時間** ← 道のり＝速さ×時間　時間＝道のり÷速さ

例 時速5 kmでx分間歩いた道のりは，$5\times\frac{x}{60}=\frac{x}{12}$（km）

x分間＝$\frac{x}{60}$時間

⑷**割合**…a%➡$\frac{a}{100}$（または，$0.01a$），a割➡$\frac{a}{10}$（または，$0.1a$）

例 x gの20%は，

$$x\times\frac{20}{100}=\frac{1}{5}x\text{(g)}$$

例 y円の4割引き後の値段は，

$$y\times\left(1-\frac{4}{10}\right)=\frac{3}{5}y\text{(円)}$$

入試ナビ　方程式の文章題は，解く過程も書けるようにしておくこと。

入試に出る　実戦例題解法

1 2次方程式の解と係数

2次方程式 $x^2+ax-2=0$ の解の1つが -1 のとき，a の値ともう1つの解を求めなさい。

注目　解を代入して，a についての方程式をつくる

方程式に $x=-1$ を代入して，

$(-1)^2+a\times(-1)-2=0$，$1-a-2=0$，$a=-1$

もとの方程式は，$x^2-x-2=0$ ← 2次方程式に a の値を代入

これを解くと，$(x+1)(x-2)=0$，$x=-1$，$x=2$

答　$a=-1$，もう1つの解…$x=2$

2 速さに関する問題

32km 離《はな》れた場所へ行くのに，初めは時速45km のバスに乗り，残りは時速4km で歩いたら，全体で1時間10分かかった。バスに乗った道のりと歩いた道のりを求めなさい。

注目　時間＝道のり÷速さの関係を利用

バスに乗った道のりを x km，歩いた道のりを y km とすると，

$$\begin{cases} x+y=32 & \cdots① \\ \dfrac{x}{45}+\dfrac{y}{4}=\dfrac{70}{60} & \cdots② \end{cases}$$

①← 道のりの関係

②← かかった時間の関係

①，②を連立方程式として解くと，$x=30$，$y=2$

答　バスに乗った道のり…30km，歩いた道のり…2km

6 数学［関数］

比例・反比例／1 次関数

比例・反比例

(1) **比例の式** … $y=ax$　(2) **反比例の式** … $y=\frac{a}{x}$　a は比例定数（$a \neq 0$）

(3) **比例 $y=ax$ のグラフ**

… 原点を通る直線。

(4) **反比例 $y=\frac{a}{x}$ のグラフ**

… 双曲線《そうきょくせん》

比例のグラフ

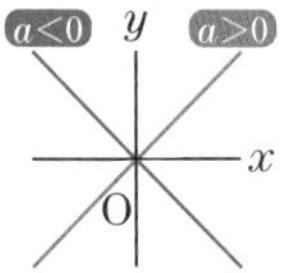

反比例のグラフ

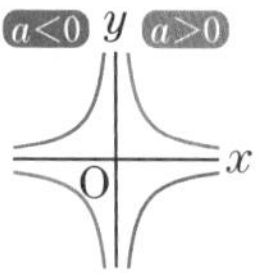

1 次関数

(1) **1 次関数の式** … $y=ax+b$　（a, b は定数, $a \neq 0$）

(2) **1 次関数の変化の割合** … $y=ax+b$ の変化の割合は,

$$\text{変化の割合}=\frac{y\text{の増加量}}{x\text{の増加量}}=a$$

↑一定

(3) **1 次関数 $y=ax+b$ のグラフ**

… 傾《かたむ》きが a, 切片《せっぺん》が b の直線。

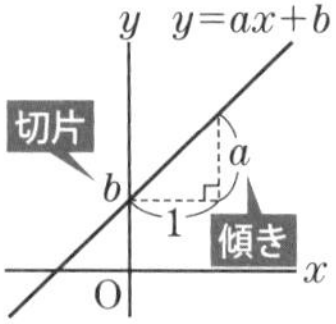

2 元 1 次方程式のグラフ

(1) **2 元 1 次方程式 $ax+by=c$ のグラフ**

→ $y=-\frac{a}{b}x+\frac{c}{b}$

… 直線

(2) **$y=k$ のグラフ** … x 軸《じく》に平行な直線。

(3) **$x=h$ のグラフ** … y 軸に平行な直線。

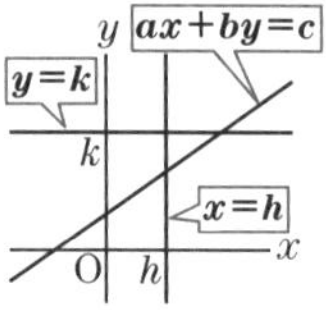

連立方程式の解とグラフ

(1) **2 直線の交点** … 2 直線の式を連立方程式として解いた解が,

2 直線の交点の座標になる。

入試ナビ 式とグラフの特徴《とくちょう》をつかみ，その関係をおさえよう。

入試に出る 実戦例題解法

1 反比例の式

y が x に反比例し，$x=3$ のとき $y=8$ である。$y=4$ のときの x の値《あたい》を求めなさい。

注目 反比例だから式を $\boldsymbol{y=\frac{a}{x}}$ とおき，まず，a の値を求める

式を $y=\frac{a}{x}$ とおく。$8=\frac{a}{3}$ より，$a=24$ ← $x=3$，$y=8$ を式に代入して計算

よって，$y=\frac{24}{x}$　これに，$y=4$ を代入して，$x=6$ ◀答

2 平行な直線の式

直線 $y=-2x+1$ に平行で，点(1，4)を通る直線の式を求めなさい。

注目 平行な 2 直線の**傾きは等しい**

直線の傾きは -2 だから，式を $y=-2x+b$ とおく。
点(1，4)を通るから，$4=-2\times1+b$ より，$b=6$
よって，$y=-2x+6$ ◀答

3 2 直線の交点を通る直線の式

2 直線 $y=x-4$…①と $y=-2x+5$…②の交点を通り，x 軸に平行な直線の式を求めなさい。

注目 **x 軸に平行**な直線の式は，$\boldsymbol{y=k}$ と表せる

①，②を連立方程式として解くと，$x-4=-2x+5$ より，
$x=3$　①に代入して，$y=-1$　よって，$y=-1$ ◀答

7 数学［関数］

関数 $y=ax^2$

関数 $y=ax^2$ とそのグラフ

(1) y が x の2乗に比例する関数の式 … $y=ax^2$ ← a は比例定数（$a \neq 0$）

(2) 関数 $y=ax^2$ のグラフ

…原点を通り，y 軸《じく》について対称《たいしょう》な放物線。

$a>0$
↓
上に開いた形

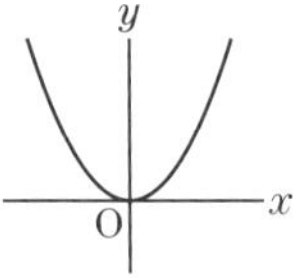

$a<0$
↓
下に開いた形

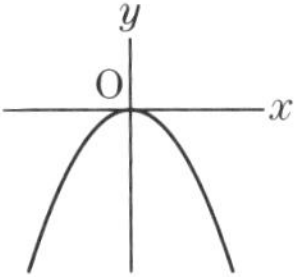

関数 $y=ax^2$ の変化の割合と変域

(1) 関数 $y=ax^2$ の変化の割合 … 変化の割合 $= \dfrac{y\text{の増加量}}{x\text{の増加量}}$

関数 $y=ax^2$ の変化の割合は**一定ではない**。

(2) 関数 $y=ax^2$ の変域 … x の変域に0**をふくむ**場合，

$a>0$ のとき➡ y の最小値は0，$a<0$ のとき➡ y の最大値は0

例 $y=x^2$ で，x の値《あたい》が -3 から2まで増加するとき，

変化の割合は，$\dfrac{2^2-(-3)^2}{2-(-3)}=-1$

x の変域は，$-3 \leqq x \leqq 2$ だから，← 0をふくむ

（$x=-3$ に対応する y の値）

y の変域は，$0 \leqq y \leqq 9$

（↑ 最小値）

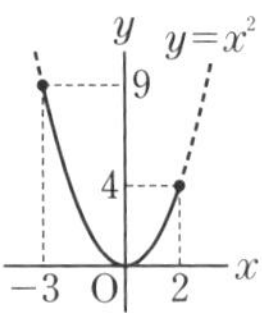

放物線と直線

(1) 放物線と直線の交点 … 交点の座標は，**2つのグラフの式を成り立たせる。**

入試ナビ 放物線と直線を組み合わせた問題がよく出題される。

入試に出る 実戦例題解法

1 関数 $y=ax^2$ の変域

関数 $y=ax^2$ で，x の変域が $-2 \leqq x \leqq 1$ のときの y の最小値が -12 である。a の値を求めなさい。

注目 **グラフの略図**をかいて考える

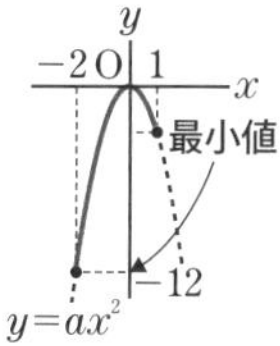

y の最小値は**負**の値だから，グラフは**下**に開いた形。$y=-12$ のとき，$x=-2$

よって，$-12=a\times(-2)^2$，$a=-3$ 答

2 関数のグラフと図形の面積

右の図で，関数 $y=ax^2$ のグラフと関数 $y=2x+4$ のグラフの交点 A，B の x 座標がそれぞれ -1, 2 のとき，a の値と △AOB の面積を求めなさい。

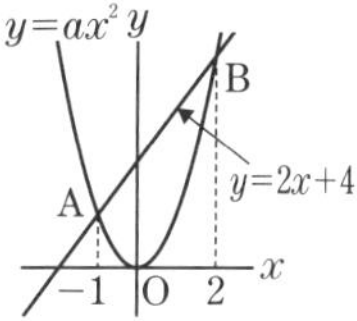

注目 △AOB を **y 軸**で **2 つの三角形**に分ける

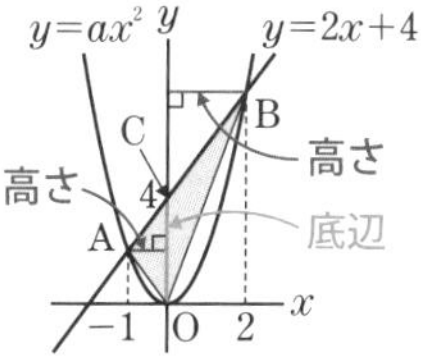

右の図で，点 A の y 座標は，

$y=2\times(-1)+4=2$ だから，

$2=a\times(-1)^2$ より，$a=2$ 答

△AOB＝△**AOC**＋△BOC で，

2 つの三角形の底辺を**OC**とすると，

OC＝4，△AOCの高さは1，△BOCの高さは2 ← A，B の x 座標の絶対値

よって，$\triangle AOB=\frac{1}{2}\times4\times1+\frac{1}{2}\times4\times2=6$ 答

△AOC　△BOC

8 数学［図形］

図形の基本性質／作図

角の基本性質

(1) 対頂角は等しい。右の図で $\angle a = \angle c$

(2) 平行線の同位角，錯角《さっかく》は等しい。

右の図で $\angle a = \angle e$，$\angle b = \angle d$ （$\angle c = \angle e$）

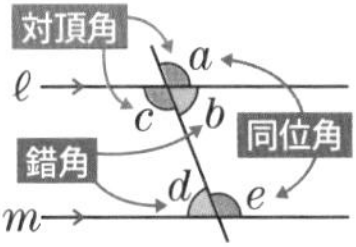

三角形の内角と外角

(1) 三角形の内角の和 … 180°

(2) 三角形の外角 … それととなり合わない2つの内角の和に等しい。

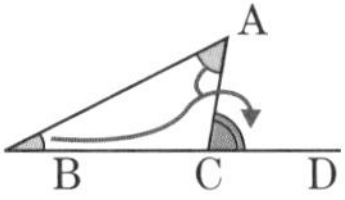

$\angle ACD = \angle A + \angle B$

多角形の内角と外角

(1) n 角形の内角の和 … $180° \times (n-2)$

(2) 多角形の外角の和 … 360° ← どんな多角形でも同じ

例 正十二角形の1つの内角は，$180° \times (12-2) \div 12 = 150°$

正十二角形の1つの外角は，$360° \div 12 = 30°$

基本の作図

(1) 直線外の点を通る垂線

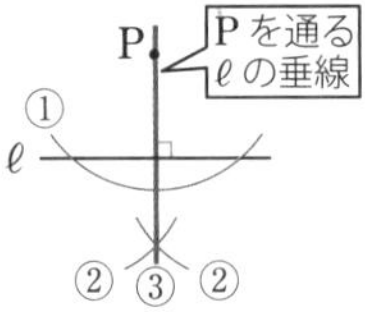

(2) 直線上の点を通る垂線

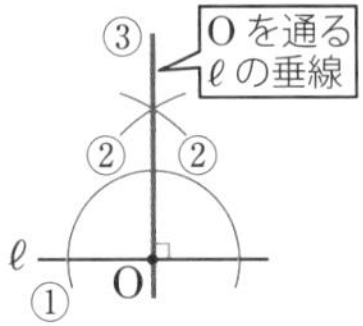

(3) 垂直二等分線

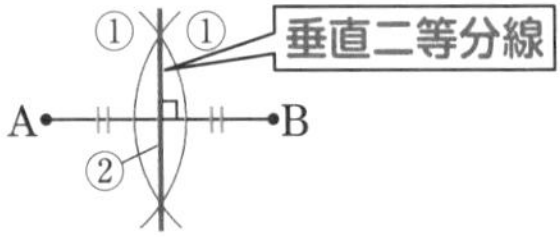

(4) 角の二等分線

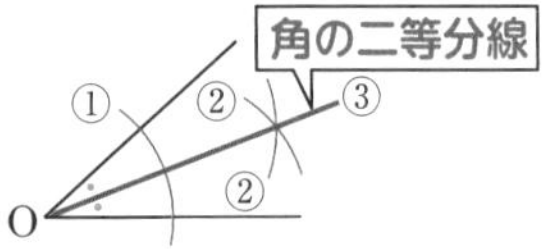

入試ナビ　作図は入試頻出《ひんしゅつ》。基本的な作図方法はおさえておこう。

入試に出る　実戦例題解法

1 平行線と角，三角形の角

次の図で，$\angle x$ の大きさを求めなさい。

(1)
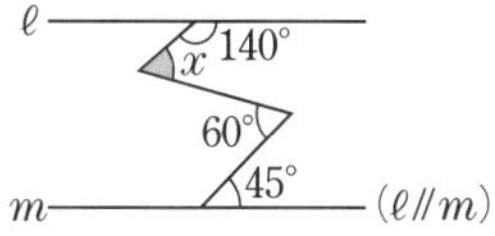

(2)
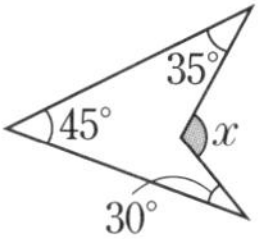

注目 (1)は補助線をひき，**平行線の錯角**を利用

(1) 右のように，ℓ, m に平行な補助線をひく。

$\angle a=180°-140°=40°$

$\angle b=60°-45°=15°$

$\angle x=\angle a+\angle b=55°$ 答

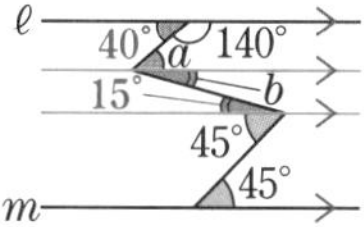

(2) 右の図のように辺を延長すると，

三角形の内角と外角の関係から，

$\angle x=35°+45°+30°=110°$ 答

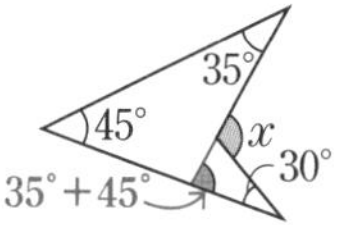

2 円の中心の作図

右の△ABC で，頂点 A, B, C を通る円と，その中心 O を作図しなさい。

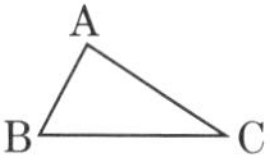

注目 円の弦の**垂直二等分線**は，円の中心を通る

①辺 AB の**垂直二等分線**を作図する。

②辺 AC の**垂直二等分線**を作図する。

③ ①，②の**交点** O を中心に半径 OA の円をかく。

答 右図

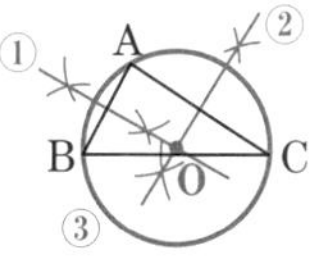

9 数学［図形］

図形の計量

おうぎ形の弧の長さ，面積

(1) 弧《こ》の長さ … $\ell=2\pi r\times\frac{a}{360}$ （半径 r，中心角 a°
弧の長さ ℓ）

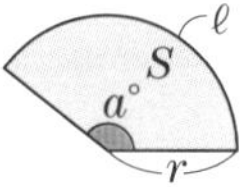

(2) 面積 … $S=\pi r^2\times\frac{a}{360}$，$S=\frac{1}{2}\ell r$ （面積 S）

例 半径 5 cm，中心角144°のおうぎ形の弧の長さは，

$2\pi\times5\times\frac{144}{360}=4\pi(\mathrm{cm})$，面積は，$\pi\times5^2\times\frac{144}{360}=10\pi(\mathrm{cm}^2)$

角柱・円柱の体積，表面積

(1) 角柱・円柱の体積 … $V=Sh$

（底面積 S，高さ h，体積 V）

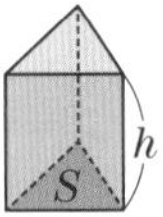

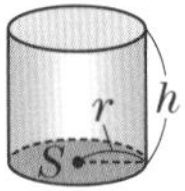

円柱の体積 … $V=\pi r^2h$ （底面の半径 r）

(2) 角柱・円柱の表面積

表面積＝側面積＋底面積×2 ← 底面は 2 つある

角錐・円錐の体積，表面積

(1) 角錐《かくすい》・円錐の体積 … $V=\frac{1}{3}Sh$

（底面積 S，高さ h，体積 V）

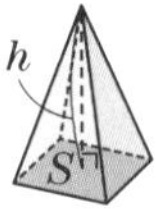

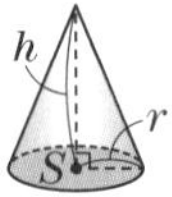

円錐の体積 … $V=\frac{1}{3}\pi r^2h$ （底面の半径 r）

(2) 角錐・円錐の表面積 … 表面積＝側面積＋底面積

球の体積，表面積

(1) 球の体積 … $V=\frac{4}{3}\pi r^3$ (2) 球の表面積 … $S=4\pi r^2$

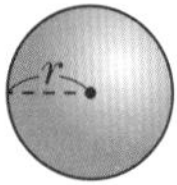

（半径 r，体積 V，表面積 S）

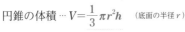

入試ナビ 角錐や円錐の体積，表面積を求める問題が目立つ。

入試に出る

実戦例題解法

1 立体の表面積

右の図は，円錐の投影図《とうえいず》である。この円錐の表面積を求めなさい。

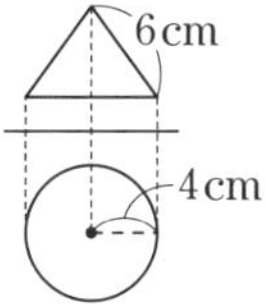

注目 展開図で，側面のおうぎ形の弧の長さは，**底面の円周と等しい**

右のような円錐になるので，表面積は，

側面のおうぎ形の面積＋底面積

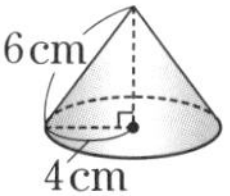

$=\frac{1}{2}\times(2\pi\times4)\times6+\pi\times4^2$

→ $\frac{1}{2}\ell r$（底面の円周 ℓ，母線の長さ r）

$=40\pi(\mathrm{cm}^2)$ 答

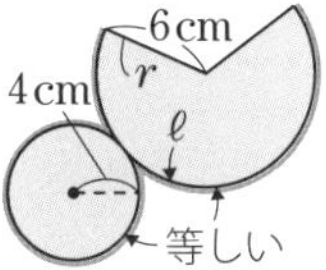

2 回転体の体積と表面積

右のような中心角 90° のおうぎ形を，ℓ を軸《じく》として 1 回転させてできる立体の体積と表面積を求めなさい。

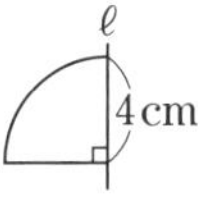

注目 回転体は，**半球**になる

できる立体は，半径 4 cm の半球だから，

体積は，$\frac{4}{3}\pi\times4^3\times\frac{1}{2}=\frac{128}{3}\pi(\mathrm{cm}^3)$ 答

（球の体積）

表面積は，$4\pi\times4^2\times\frac{1}{2}+\pi\times4^2=48\pi(\mathrm{cm}^2)$ 答

（球の表面積）

注意 平面の部分の面積を忘れずに。

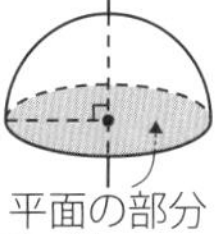

10 数学［図形］
三角形／四角形

合同な図形

(1)三角形の合同条件

①3組の辺がそれぞれ等しい。

②2組の辺とその間の角がそれぞれ等しい。

③1組の辺とその両端《りょうたん》の角がそれぞれ等しい。

(2)直角三角形の合同条件

①斜辺《しゃへん》と1つの鋭角《えいかく》がそれぞれ等しい。

②斜辺と他の1辺がそれぞれ等しい。

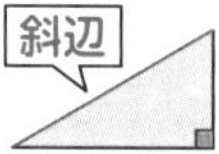

三角形

(1)**二等辺三角形**…〈定義〉2つの辺が等しい三角形。

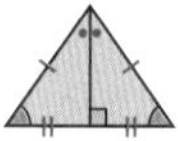

〈性質〉①2つの底角は等しい。

②頂角の二等分線は，底辺を垂直に2等分する。

(2)**正三角形**…〈定義〉3つの辺が等しい三角形。

〈性質〉3つの角は等しい。

平行四辺形

(1)**平行四辺形**…〈定義〉2組の対辺がそれぞれ平行な四角形。

〈性質〉①2組の対辺はそれぞれ等しい。

②2組の対角はそれぞれ等しい。

③対角線はそれぞれの中点で交わる。

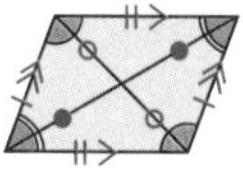

(2)平行四辺形になるための条件

①2組の対辺がそれぞれ平行である。(定義)

②2組の対辺がそれぞれ等しい。

③2組の対角がそれぞれ等しい。

④対角線がそれぞれの中点で交わる。

⑤1組の対辺が平行で，その長さが等しい。

入試ナビ 三角形の合同条件や性質を使った証明問題がよく出る。

入試に出る

実戦例題解法

1 三角形の合同条件を利用した証明

右の図は，AB＝AC の二等辺三角形で，M は辺 BC の中点である。辺 AB，AC上に BD＝CE となる点 D，E をとり，MD，ME をひくとき，MD＝ME となることを証明しなさい。

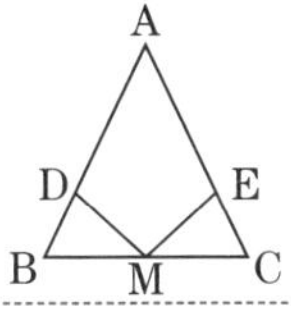

注目 MD，ME をふくむ2つの**三角形の合同**を示す

〔**証明**〕△BDM と△CEM で，

仮定より，BD＝CE …①

BM＝CM …②

△ABCは，AB＝ACの二等辺三角形だから，

∠DBM＝∠ECM …③ ← 二等辺三角形の 2 つの底角は等しい

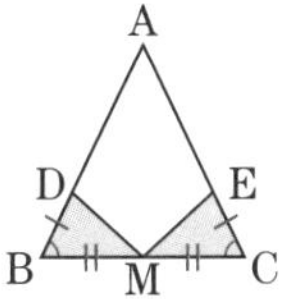

①，②，③より，2 組の辺とその間の角がそれぞれ等しいから，△BDM≡△CEM

したがって，MD＝ME ← 合同な図形の対応する辺の長さは等しい

2 平行四辺形の角

右の図の平行四辺形 ABCD で，点 E は辺 AD 上の点で，BE＝CE である。このとき，∠DEC の大きさを求めなさい。

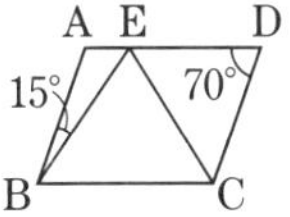

注目 平行四辺形の**対角はそれぞれ等しい**

∠ADC＝∠ABC より，∠EBC＝70°－15°＝55°

BE＝CE，AD∥BCより，∠DEC＝∠ECB＝∠EBC＝55° **答**

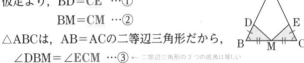

11 数学［図形］

相似な図形／平行線と線分の比

三角形の相似条件

① **3組の辺の比**がすべて等しい。

② **2組の辺の比**が等しく，**その間の角**が等しい。

③ **2組の角**がそれぞれ等しい。

平行線と線分の比

(1) **三角形と比** … 右の図で，

①DE∥BC ならば，
AD：AB＝AE：AC＝DE：BC
AD：DB＝AE：EC

②AD：AB＝AE：AC または

AD：DB＝AE：ECならば，**DE∥BC**

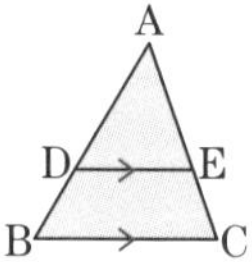

(2) **平行線と線分の比**

右の図で，$a /\!/ b /\!/ c$ ならば，

AB：BC＝A′B′：B′C′

また，**AB：A′B′＝BC：B′C′**

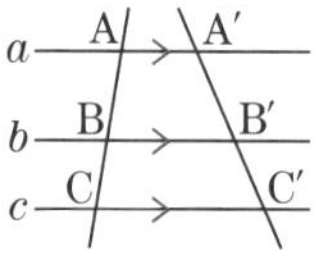

参考 右の図のような場合も，平行線と線分の比の関係は成り立つ。

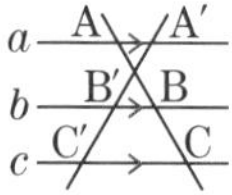

(3) **中点連結定理**

△ABC で，2辺 AB，AC の中点を M，N とするとき，

MN∥BC，MN＝$\frac{1}{2}$BC

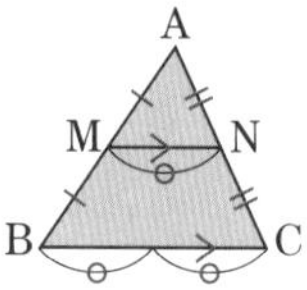

相似な図形の計量

(1) **相似比が $m:n$ ならば，面積比は $m^2:n^2$，体積比は $m^3:n^3$**

例 球A，Bの半径がそれぞれ2 cm，3 cm のとき，

相似比は2：3，表面積の比は4：9，体積比は8：27

入試ナビ 平行線があれば，相似，平行線と線分の比などを考えてみよう。

入試に出る

実戦例題解法

1 平行線と線分の比，中点連結定理

次の図で，x の値《あたい》を求めなさい。(同じ印をつけた線分の長さは等しい)

(1)

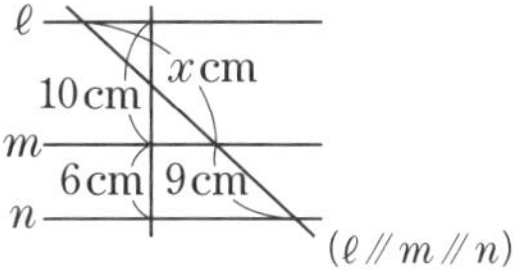

(2)

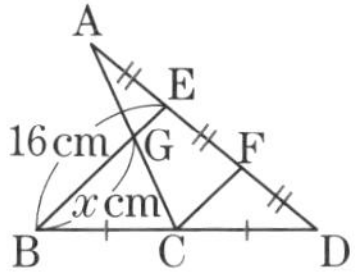

注目 (1)**平行線と線分の比**，(2)**中点連結定理**を使う

(1) $\ell /\!/ m /\!/ n$ だから，

$10:6=x:9$

$x=15$ 答

(2) △EBD で，中点連結定理より，

FC // EB で，FC＝8 cm ← $\frac{1}{2}$EB

同様にGE＝4 cm より，$x=12$ 答

2 相似の利用，相似な図形の計量

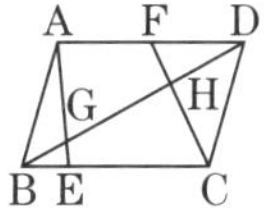

右の図の平行四辺形 ABCD で，

BE：EC＝1：3，F は辺 AD の中点である。

(1) △AGD, △FHD とそれぞれ相似な三角形を答えなさい。

(2) △AGD と△EGB の面積比を求めなさい。

(3) BD＝15 cm のとき，GH の長さを求めなさい。

注目 (1)**平行四辺形の性質**から，等しい 2 組の角を探す

(1) △AGD∽△EGB，△FHD∽△CHB 答 ← 2組の角がそれぞれ等しい

(2) AD：EB＝4：1より，△AGD：△EGB＝16：1 答

(3) $\text{GD}=15\times\frac{4}{4+1}=12(\text{cm})$ ← DG：BG＝4：1，$\text{HD}=15\times\frac{1}{1+2}=5(\text{cm})$ ← DH：BH＝1：2

よって，GH＝GD－HD＝12－5＝7 (cm) 答

12 数学［図形］

円周角の定理

円周角の定理

(1) **円周角の定理** … 1つの弧《こ》に対する**円周角**の**大きさは一定**で，その弧に対する**中心角の半分**である。右の図で，

$\angle APB = \angle AQB = \frac{1}{2}\angle AOB$

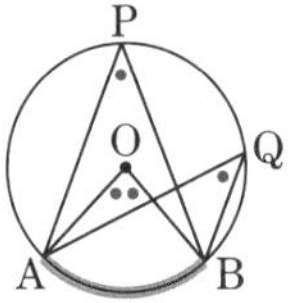

(2) **円周角と弧** … 1つの円で，

①等しい円周角に対する**弧**は等しい。

②等しい弧に対する**円周角**は等しい。

(3) **半円の弧に対する円周角（直径と円周角）**

半円の弧に対する円周角は90°である。

右の図で，

$\angle APB = \angle AQB = 90°$　$\leftarrow \frac{1}{2}\angle AOB$

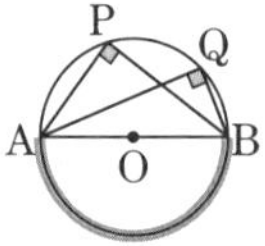

(4) **円周角の定理の逆** … 右の図で，2点P，Qが直線ABについて同じ側にあって，**∠APB＝∠AQB** ならば，**4点A，B，P，Q は1つの円周上**にある。

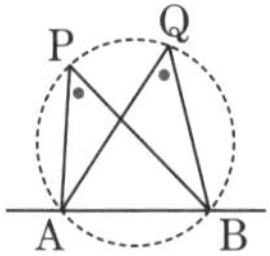

円の接線

(1) **円の接線** … 円の接線は，**接点**を通る**半径**に**垂直**である。

右の図で，PA⊥**OA**，PB⊥**OB**

(2) **円の接線の長さ** … 右の図のように，円外の点Pから円Oにひいた2つの**接線の長さは等しい**。

右の図で，PA＝**PB**

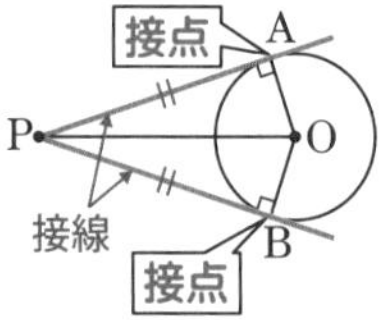

入試ナビ 円周角の定理は，角度を求める問題や証明問題で頻出《ひんしゅつ》。

入試に出る 実戦例題解法

1 円周角の定理

右の図で，$\angle x$ の大きさを求めなさい。

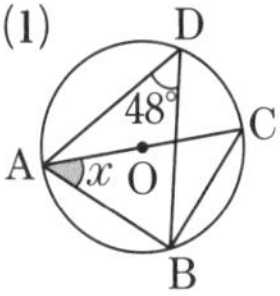

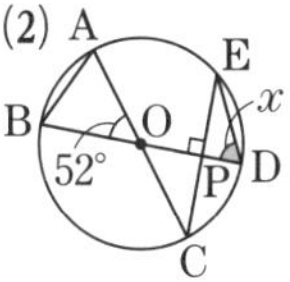

注目 1つの弧に対する**円周角の大きさは一定**

(1) $\angle ACB=\angle ADB=48°$　半円の弧に対する円周角は$90°$

よって，$\angle x=180°-90°-48°=42°$ **答**

（$90°$ ← $\angle ABC$）

(2) $\angle COD=\angle AOB=52°$，$\angle CED=\frac{1}{2}\times 52°=26°$ ← $\frac{1}{2}\angle COD$

よって，$\angle x=90°-26°=64°$ **答**

2 円周角の定理を利用した証明

右の図で，4点A，B，C，Dは1つの円周上の点で，$\overset{\frown}{BC}=\overset{\frown}{CD}$ である。ACとBDの交点をEとするとき，△ABE∽△ACDを証明しなさい。

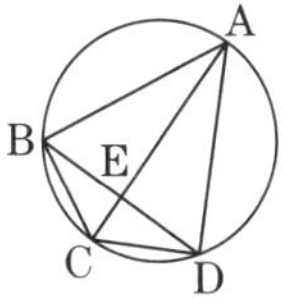

注目 等しい弧に対する**円周角は等しい**ことを利用

〔証明〕△ABEと△ACDで，

$\overset{\frown}{AD}$ の円周角だから，$\angle ABE=\angle ACD$ …①

$\overset{\frown}{BC}=\overset{\frown}{CD}$ だから，$\angle BAE=\angle CAD$ …②

①，②より，2組の角がそれぞれ等しいから，

△ABE∽△ACD

13 数学［図形］

三平方の定理

三平方の定理

(1) **三平方の定理** … 右の直角三角形で，

$\boldsymbol{a^2+b^2=c^2}$

直角をはさむ２辺　　斜辺

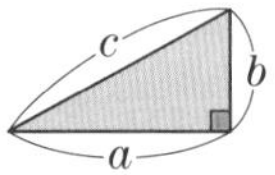

(2) **三平方の定理の逆** … 3辺の長さが a，b，c の三角形は，$\boldsymbol{a^2+b^2=c^2}$ ならば，**長さ c の辺を斜辺《しゃへん》とする直角三角形**である。

特別な直角三角形の辺の比

(1) **直角二等辺三角形**

➡ $1 : 1 : \sqrt{2}$

(2) **60°の角をもつ直角三角形**

➡ $1 : 2 : \sqrt{3}$

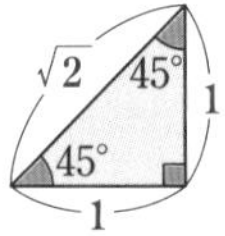

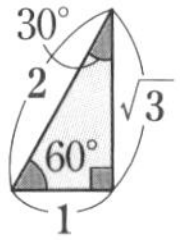

三平方の定理と平面図形・空間図形

(1) **長方形の対角線の長さ** … 2辺の長さが a，b の長方形の対角線の長さ ℓ は，

$\boldsymbol{\ell=\sqrt{a^2+b^2}}$

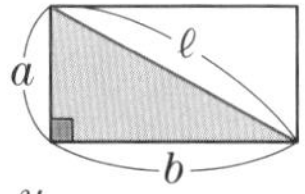

(2) **2点間の距離《きょり》** … 2点 $A(x_1,\ y_1)$，$B(x_2,\ y_2)$ 間の距離を d とすると，

$\boldsymbol{d=\sqrt{(x_2-x_1)^2+(y_2-y_1)^2}}$

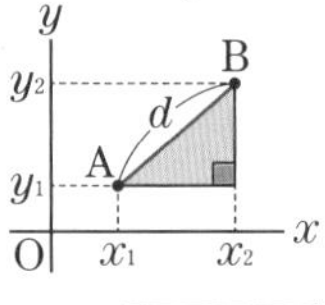

(3) **直方体の対角線の長さ** … 3辺の長さが a, b, c の直方体の対角線の長さ ℓ は，

$\boldsymbol{\ell=\sqrt{a^2+b^2+c^2}}$

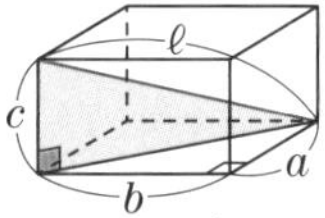

(4) **円錐《えんすい》の高さ h** … $\boldsymbol{h=\sqrt{\ell^2-r^2}}$

（母線の長さ ℓ，底面の円の半径 r）

(5) **正四角錐の高さ** … 頂点から底面にひいた**垂線の長さ**である。

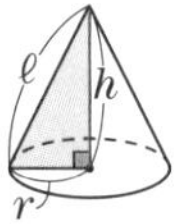

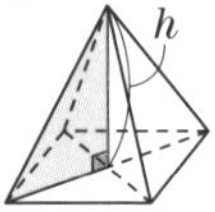

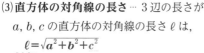

入試ナビ 三平方の定理の出題は，とても多い。超重要定理！

入試に出る 実戦例題解法

1 折り返してできる線分の長さ

右の図は，AB＝8 cm，AD＝12 cm の長方形の紙 ABCD を，頂点 B が辺 AD 上の点 E に重なるように折り返したものである。AE：ED＝1：2，BG＝10 cm のとき，FG の長さを求めなさい。

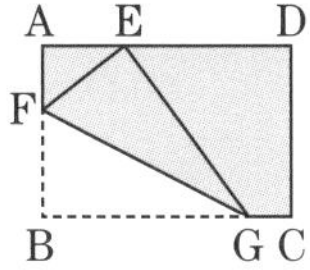

注目 長方形の**4つの角は 90°**であることを利用

AE：ED＝1：2 だから，$AE=\frac{1}{3}AD=\frac{1}{3}\times 12=4$ (cm)

AF＝$x$cm とすると，FE＝FB＝$8-x$(cm)だから，

△AFE で，$4^2+x^2=(8-x)^2$　これを解くと，$x=3$

これより，FE＝FB＝$8-3=5$ (cm)

したがって，$FG=\sqrt{5^2+10^2}=\sqrt{125}=5\sqrt{5}$ (cm) 答

2 円錐の体積

右の図は円錐の展開図である。この展開図を組み立てたときにできる円錐の体積を求めなさい。

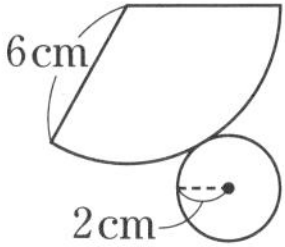

注目 **三平方の定理**を使って，高さを求める

組み立てると右の図のような円錐になる。

円錐の高さは，$\sqrt{6^2-2^2}=\sqrt{32}=4\sqrt{2}$ (cm)

したがって，$\frac{1}{3}\times\pi\times 2^2\times 4\sqrt{2}=\frac{16\sqrt{2}}{3}\pi$ (cm^3) 答

14 数学[データの活用・確率]

データの分析／四分位数／標本調査

データの分布の表し方

(1) **度数分布表**…データをいくつかの**階級**に分けて，その**度数**を示した右のような表。

通学時間

階級(分)	度数(人)
以上　未満	
10～15	4
15～20	9
20～25	8
25～30	5
30～35	2
計	28

(2) **累積《るいせき》度数**…最初の階級からその階級までの**度数**の合計。

(3) **度数折れ線(度数分布多角形)**

…**ヒストグラム**の各長方形の上の辺の**中点**を結んだ折れ線。

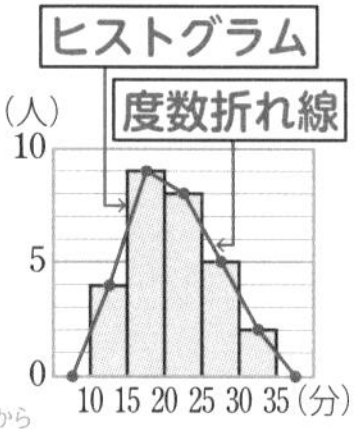

(4) **相対度数**＝$\dfrac{\text{その階級の度数}}{\text{度数の合計}}$

(5) **累積相対度数**…最初の階級からその階級までの**相対度数**の合計。

(6) **平均値**＝$\dfrac{\text{(階級値×度数)の合計}}{\text{度数の合計}}$

階級の中央の値（階級値）

度数分布表から求める場合

四分位数と箱ひげ図

(1) **四分位数**…データを小さい順に並べて4等分した区切りの値《あたい》。小さいほうから**第1四分位数**，**第2四分位数**(中央値)，**第3四分位数**という。

(2) **箱ひげ図**(平均値の位置も表すことがある。)

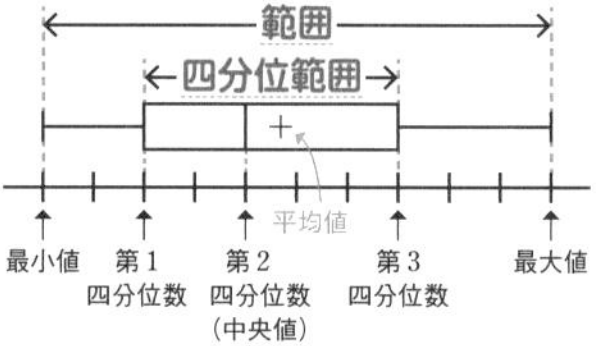

全数調査と標本調査

(1) **全数調査**…対象となる集団**全部**について調査すること。

(2) **標本調査**…**全体の傾向《けいこう》を推定**するために集団の**一部分**を調査すること。集団全体を**母集団**，調査で取り出した一部分を**標本**という。

入試ナビ　入試で出題率が増加。用語の意味は必ずおさえよう。

入試に出る　実戦例題解法

1 データの分布の表し方

右の表は，ある中学校の男子40人のハンドボール投げの記録である。

(1) ア～ウの値を求めなさい。

(2) 最頻《さいひん》値《ち》を求めなさい。

(3) 平均値を求めなさい。

階級(m)	度数(人)	相対度数	累積相対度数
以上 未満			
13～15	1	0.025	0.025
15～17	4	0.100	0.125
17～19	6	0.150	ウ
19～21	ア	0.200	0.475
21～23	10	0.250	0.725
23～25	6	0.150	0.875
25～27	5	イ	1.000
計	40	1.000	

注目 (1)ア　**その階級の度数＝相対度数×度数の合計**

(1) ア…0.200×40＝8 答

イ…5÷40＝0.125 答

ウ…0.025＋0.100＋0.150＝0.275 答　←0.125＋0.150と求めてもよい

(2) 度数の最も多い階級の階級値だから，22m 答　←$\frac{21+23}{2}$

(3) $\frac{14\times1+16\times4+18\times6+20\times8+22\times10+24\times6+26\times5}{40}=21$(m) 答

2 箱ひげ図

右のデータは，ある小テストの10人の得点と箱ひげ図である。a, b の値をそれぞれ求めなさい。

6,	10,	8,	9,	6,
8,	5,	3,	8,	4 (点)

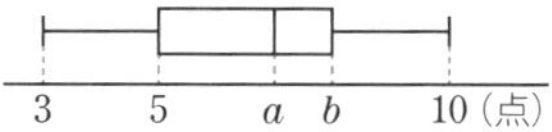

注目 **四分位数**を求める

小さい順に並べると，3，4，5，6，6，8，8，8，9，10

最小値は3，第1四分位数は5，第2四分位数(中央値)は7，第3四分位数は8，最大値は10だから，$a=7$，$b=8$ 答　（↑$\frac{6+8}{2}$）

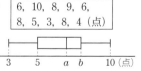

確　率

確率

(1) **確率の求め方**…起こりうるすべての場合が n 通りで，A の起こる場合が a 通りのとき，Aの起こる確率 p ➡ $p=\frac{a}{n}$

(2) **確率の性質**… A が起こる確率 p の値《あたい》の範囲《はんい》は，$0 \leqq p \leqq 1$

・A が必ず起こるとき ➡ $p=1$

・A がけっして起こらないとき ➡ $p=0$

(3) **起こらない確率**… A の起こる確率を p とすると，

A の起こらない確率＝$1-p$

いろいろな確率の求め方

(1) **並べ方と確率**…**樹形図**を利用する。

例 [1], [2], [3] の 3 枚のカードで 2 けたの整数をつくるとき，3 の倍数になる確率。

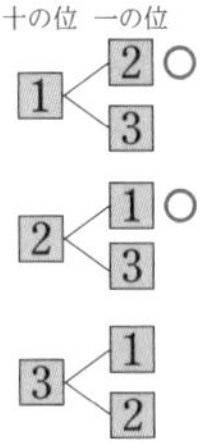

右の樹形図より，できる整数は全部で 6 通り。

そのうち，3 の倍数は 12，21 の 2 通りだから，

求める確率は，$\frac{2}{6}=\frac{1}{3}$

(2) **組み合わせと確率**…**同じ組み合わせのものをのぞく。**

例 A，B，C の 3 人の中から 2 人の当番を選ぶとき，A が当番に選ばれる確率。（A，B を選んだ場合を〔A，B〕と表す）

〔A，B〕，〔A，C〕，~~〔B，A〕~~，〔B，C〕，~~〔C，A〕~~ ~~〔C，B〕~~

〔B，A〕は〔A，B〕と同じなのでのぞく

組み合わせは全部で 3 通り。そのうち，A が選ばれるのは 2 通りだから，求める確率は，$\frac{2}{3}$

入試ナビ さいころや玉の問題がよく出る。樹形図や表を利用しよう。

入試に出る

実戦例題解法

1 さいころと確率

2つのさいころA，Bを投げる。次の確率を求めなさい。

(1)目の数の和が奇数《きすう》　　(2)目の数の和が12の約数

注目 **表をつくり**，すべての場合を数えあげる

目の出方は全部で36通り。

A＼B	1	2	3	4	5	6
1	2	3	4	5	6	7
2	3	4	5	6	7	8
3	4	5	6	7	8	9
4	5	6	7	8	9	10
5	6	7	8	9	10	11
6	7	8	9	10	11	12

(1)目の数の和が奇数になるのは，表より

18通り。求める確率は，$\frac{18}{36}=\frac{1}{2}$ ◀答

(2)目の数の和が12の約数になるのは，2，3，4，6，12の場合

で，表より12通り。求める確率は，$\frac{12}{36}=\frac{1}{3}$ ◀答

2 玉と確率

赤玉2個，白玉2個，黒玉1個，青玉1個が入った袋《ふくろ》の中から同時に2個の玉を取り出すとき，黒玉または青玉をふくむ確率を求めなさい。

注目 それぞれの**玉を区別**して，**組み合わせ**を考える

赤玉を①，②，白玉を③，④，黒玉を⑤，青玉を⑥とする。

取り出す組み合わせは，[①，②]，[①，③]，[①，④]，[①，⑤]，[①，⑥]，[②，③]，[②，④]，[②，⑤]，[②，⑥]，[③，④]，[③，⑤]，[③，⑥]，[④，⑤]，[④，⑥]，[⑤，⑥]の15通り。そのうち，⑤か⑥をふくむのは9通り。求める確率は，$\frac{9}{15}=\frac{3}{5}$ ◀答

ことわざ

①帯に短したすきに長し……中途半端《ちゅうとはんぱ》で役に立たないこと。

②弘法《こうぼう》にも筆の誤り……その道に長じた人でも、ときには失敗することもある。
＝猿《さる》も木から落ちる・上手《じょうず》の手から水が漏《も》る

③石の上にも三年……辛抱《しんぼう》すれば、やがて成果が表れること。＝雨だれ石を穿《うが》つ

④立つ鳥跡《あと》を濁《にご》さず……何事も後始末をきれいにするべきである。
⇔後《あと》は野となれ山となれ……目先のことさえどうにか済ませれば、あとはどうなっても構わない。

入試に出る 実戦問題

①次の□に合う言葉を〔　〕に入れて、【　】内の意味の慣用句を完成させなさい。

(1) □を焼く【持て余す】〔手〕
(2) □であしらう【冷淡《れいたん》に扱《あつか》う】〔鼻〕
(3) 青菜に□【急に元気をなくすこと】〔塩〕
(4) 左□【安楽に暮らすこと】〔うちわ〕

②次のことわざと似た意味のことわざになるように、〔　〕に入る言葉を答えなさい。

(1) ぬかに釘《くぎ》＝〔のれん〕に腕押《うでお》し
(2) 泣き面に蜂《はち》＝〔弱り目〕に祟《たた》り目
(3) 月とすっぽん＝ちょうちんに〔釣《つ》り鐘《がね》〕
(4) 豚《ぶた》に真珠《しんじゅ》＝猫《ねこ》に〔小判〕

12

国語［漢字・語句］

慣用句／ことわざ

入試ナビ

空欄《くうらん》補充《ほじゅう》問題や、正しい意味を選択《せんたく》する問題が多い。

慣用句

①**首を長くする**……今か今かと期待して待つ。

②**目を引く**……人目につく。

③**耳に挟《はさ》む**……たまたまちょっと聞く。＝**小耳に挟む**

④**重箱の隅《すみ》をつつく**……細かい点まで取り上げて問題にする。＝**重箱の隅を楊枝《ようじ》でほじくる**

⑤**恩に着る**……恩を受けたことをありがたがる。

⑥**身も蓋《ふた》もない**……言うことや、することが露骨《ろこつ》すぎて、含《ふく》みや味わいがない。

⑦**目から鼻へ抜《ぬ》ける**……頭の働きが非常によい。抜け目がない。

⑧**歯に衣《きぬ》着せない**……遠慮《えんりょ》せずに、思っていることを率直に言う。

⑨**水を差す**……うまくいっている状態や関係の邪魔《じゃま》をする。

⑩**板に付く**……仕事や役柄《やくがら》などがその人にぴったり合う。

⑪**高《たか》をくくる**……たいしたことはないと軽く見る。

⑫**取り付く島もない**……相手が無愛想で冷たく、話しかける隙《すき》がない。

同訓異字

①ツト(める)

後援《こうえん》会の会長を務める。
地元の企業《きぎょう》に勤める。
欠点の克服《こくふく》に努める。

③オサ(める)

毎月、会費を納める。
飲食業界で成功を収める。
国王が国を治める。
大学で医学を修める。

②アラワ(す)

喜びを態度に表す。
ついに本性を現す。
小説家が新作を著す。

④ト(る)

集合写真を撮る。
山できのこを採る。
雑木林でかぶと虫を捕る。
近況《きんきょう》を報告しようと筆を執る。

入試に出る 実戦問題

①次の文の――線部の言葉を、同音異義語に気をつけて漢字で書きなさい。

(1) 天地ソウゾウの神話。 〔創造〕
(2) イギのある仕事をする。 〔意義〕
(3) イサイは面談のうえで決定する。 〔委細〕
(4) コジンをしのんで手を合わせる。 〔故人〕

②次の文の――線部の言葉を、同訓異字に気をつけて漢字と送り仮名《がな》で書きなさい。

(1) 明日の試合にソナエル。 〔備える〕
(2) 約束を守れず心がイタム。 〔痛む〕
(3) 交通事故で重傷をオウ。 〔負う〕
(4) 釣った魚を川にハナス。 〔放す〕

11

国語［漢字・語句］

同音異義語／同訓異字

入試ナビ

記号選択《せんたく》で正しい漢字を答える問題形式が多い。

同音異義語

①カイホウ
- 門戸を開放する。
- 試験勉強から解放される。

②ソウギョウ
- 工場の操業時間を延長する。
- 創業二百年になる菓子《かし》店。

③コウセイ
- 文章の構成をとらえる。
- 厚生年金が支払《しはら》われる。
- 後世に残る名作を読む。

④タイショウ
- 原文と訳文を対照する。
- 社会人対象の公開講座。
- 左右対称の図形を描《か》く。

⑤カンゲン
- 利益を社員に還元する。
- 以上を換言すればこうなる。
- 販売《はんばい》員の甘言に釣《つ》られる。

⑥キショウ
- 彼女《かのじょ》は気性の激しい人だ。
- 希少な動植物を保護する。
- 気象レーダーで観測する。

⑦ヘイコウ
- あまりの暑さに閉口する。
- 直線を平行に引く。
- 線路に並行して走る道路。
- 体の平衡を保つ。

⑧カンシン
- 技術の高さに感心する。
- 政治経済に関心を抱《いだ》く。
- 寒心に堪《た》えない事件。
- コーチの歓心を買う。

☑ ㉗ 前任者のやり方を踏襲する。〔とうしゅう〕

☑ ㉘ 首相が大臣を罷免する。〔ひめん〕

☑ ㉙ 出題頻度が高い漢字。〔ひんど〕

☑ ㉚ 凡庸な作品ばかりで飽《あ》きる。〔ぼんよう〕

☑ ㉛ 専ら受験勉強に励《はげ》む。〔もっぱ〕

☑ ㉜ 凹凸の激しい斜面《しゃめん》を下る。〔おうとつ〕

☑ ㉝ 大仰に騒《さわ》ぎ立てる。〔おおぎょう〕

☑ ㉞ 寸暇を惜《お》しんで働く。〔すんか〕

☑ ㉟ 飛行機が上空を旋回する。〔せんかい〕

☑ ㊱ 兄は営業職に就いている。〔つ〕

☑ ㊲ その場をうまく繕う。〔つくろ〕

☑ ㊳ 不用意な発言を慎む。〔つつし〕

☑ ㊴ 和やかな雰囲気《ふんいき》に包まれる。〔なご〕

☑ ㊵ あぜ道に雑草が繁茂する。〔はんも〕

☑ ㊶ 奮ってご応募《おうぼ》ください。〔ふる〕

☑ ㊷ 散歩で気を紛らす。〔まぎ〕

☑ ㊸ 太陽系の惑星名を覚える。〔わくせい〕

☑ ㊹ 後輩《こうはい》の不心得《ふこころえ》を諭す。〔さと〕

☑ ㊺ 趣向《しゅこう》を凝らして作り上げる。〔こ〕

☑ ㊻ 良からぬことを企てる。〔くわだ〕

☑ ㊼ 峡谷に架《か》かる橋を渡《わた》る。〔きょうこく〕

☑ ㊽ 鉄分を含有する湧《わ》き水。〔がんゆう〕

☑ ㊾ 合格して有頂天になる。〔うちょうてん〕

☑ ㊿ 栄誉ある賞を受賞する。〔えいよ〕

訓読みの言葉は、送り仮名《がな》までしっかり覚えよう。

国語

10

漢字の読み取り

国語［漢字・語句］

①大胆《だいたん》な発言に衝撃を受ける。〔しょうげき〕

②著しい成長が見られる。〔いちじる〕

③新たな難問に挑む。〔いど〕

④デッサンに陰影をつける。〔いんえい〕

⑤目を覆うような惨状《さんじょう》だ。〔おお〕

⑥空気が乾いている。〔かわ〕

⑦精神の均衡を保つ。〔きんこう〕

⑧雑誌に掲載された名店。〔けいさい〕

⑨締《し》め切りが明日に迫る。〔せま〕

⑩今月から生活費を詰める。〔つ〕

⑪音楽部が新入部員を募る。〔つの〕

⑫頻繁にやりとりする。〔ひんぱん〕

⑬商品の確保に奔走する。〔ほんそう〕

---

⑭憩いのひとときを過ごす。〔いこ〕

⑮軽率な言動を戒める。〔いまし〕

⑯厳かな雰囲気《ふんいき》の式典。〔おごそ〕

⑰円をドルに換えて支払《しはら》う。〔か〕

⑱監査《かんさ》役を委嘱する。〔いしょく〕

⑲彼《かれ》を委員長に推す。〔お〕

⑳克明に記録を残す。〔こくめい〕

㉑強敵を相手に敢闘する。〔かんとう〕

㉒現代社会に警鐘を鳴らす。〔けいしょう〕

㉓会員の懇親を深める。〔こんしん〕

㉔長年廃れずに残る商品。〔すた〕

㉕手探りで問題に対処する。〔てさぐ〕

㉖修行で精神を鍛錬する。〔たんれん〕

入試ナビ

漢字の読みは、主に中学で習う漢字の読み方が問われやすい。

㉗余生をコウフクに過ごす。 〔幸福〕
㉘コウフンした口ぶりで話す。 〔興奮〕
㉙銀のコウミャクが見つかる。 〔鉱脈〕
㉚全国から代表者がツドう。 〔集〕
㉛カンケツに要点をまとめる。 〔簡潔〕
㉜周囲の助けをカりる。 〔借〕
㉝ウチュウ旅行が実現する。 〔宇宙〕
㉞複数の企業《きぎょう》がキョウサンする。 〔協賛〕
㉟ケイトウだてて話す。 〔系統〕
㊱旅館の周辺をサンサクする。 〔散策〕
㊲ジュンジョどおりに操作する。 〔順序〕
㊳相手の胸中をスイソクする。 〔推測〕
㊴セイミツ検査を受ける。 〔精密〕
㊵法律をセンモンに学ぶ。 〔専門〕
㊶販売《はんばい》センリャクを立てる。 〔戦略〕

㊷寒さに身をチヂめる。 〔縮〕
㊸これは読むカチのある本だ。 〔価値〕
㊹経営キボを拡大する。 〔規模〕
㊺流れにサカらって泳ぐ。 〔逆〕
㊻サンソボンベを背負う。 〔酸素〕
㊼試合のショウインを探る。 〔勝因〕
㊽自社セイヒンを売り込《こ》む。 〔製品〕
㊾岩だらけの荒《あ》れ地をタガヤす。 〔耕〕
㊿ユダンならない相手だ。 〔油断〕

国語

9 漢字の書き取り

国語［漢字・語句］

①受付にコートをアズける。〔預〕

②ビオラをエンソウする。〔演奏〕

③カイキョを成し遂《と》げる。〔快挙〕

④錦《にしき》をオり成す秋の山々。〔織〕

⑤偉大《いだい》なコウセキを残す。〔功績〕

⑥憲法のコンカンに関わる問題。〔根幹〕

⑦相手のジョウケンをのむ。〔条件〕

⑧朝食をスませてから出かける。〔済〕

⑨先輩《せんぱい》のチュウコクに従う。〔忠告〕

⑩銀行にツトめて三年になる。〔勤〕

⑪満月が夜道をテらす。〔照〕

⑫報告はまだトドいていない。〔届〕

⑬来月のナカばから出場する。〔半〕

⑭ボウエキが自由化される。〔貿易〕

⑮迷子をホゴする。〔保護〕

⑯以前にもマして親しくなる。〔増〕

⑰舞台《ぶたい》のマクが開《あ》く。〔幕〕

⑱民衆をミチビいた皇帝。〔導〕

⑲漢字のアヤマりを正す。〔誤〕

⑳手を合わせてアヤマる。〔謝〕

㉑ポスターをインサツする。〔印刷〕

㉒列島をジュウダンする。〔縦断〕

㉓来賓《らいひん》がシュクジを述べる。〔祝辞〕

㉔山の新鮮《しんせん》な空気をスう。〔吸〕

㉕空があかね色にソまる。〔染〕

㉖ゲンミツな調査を行う。〔厳密〕

入試ナビ

漢字の書きは、主に小学校の五・六年で学習したものが問われやすい。

三大俳人

俳人	時代	代表作品	作風
松尾芭蕉《まつおばしょう》	江戸《えど》時代前期	おくのほそ道	上品で風流。「蕉風《しょうふう》」という。
与謝蕪村《よさぶそん》	江戸時代中期	新花摘《しんはなつみ》	情景が目に浮《う》かぶようで絵画的。
小林一茶《こばやしいっさ》	江戸時代後期	おらが春	生活の中の感情をうたっており、庶民《しょみん》的。

入試に出る 実戦問題

次の説明に合う作品名や作者名を答えなさい。

(1) 平安時代中期に清少納言が書いた随筆。 [枕草子]

(2) 平安時代中期に紫式部が書いた物語。 [源氏物語]

(3) 『徒然草』を著した人物。 [兼好法師]

(4) 『おくのほそ道』を著し、「蕉風」とよばれる作風をつくり上げた俳人。 [松尾芭蕉]

(5) 鴨長明が書いた随筆。 [方丈記]

古典文学史

入試ナビ

代表的な作品名と、その筆者・作者名を覚えておくこと。

三大随筆《ずいひつ》

作品	作者	成立年代	特色
枕草子《まくらのそうし》	清少納言《せいしょうなごん》	平安《へいあん》時代中期	「をかしの文学」といわれる。
方丈記《ほうじょうき》	鴨長明《かものちょうめい》	鎌倉《かまくら》時代前期	この世の「無常」を説く。
徒然草《つれづれぐさ》	兼好法師《けんこうほうし》	鎌倉時代後期	仏教的な「無常観」を描《えが》く。

代表的な物語

作品	作者	成立年代	特色
竹取《たけとり》物語	不明	平安時代前期	現存する日本最古の物語・「物語の祖《おや》」。
伊勢《いせ》物語	不明	平安時代前期	和歌中心の最初の歌物語。
源氏《げんじ》物語	紫式部《むらさきしきぶ》	平安時代中期	長編物語・「あはれの文学」といわれる。

漢文を、正しく書き下し文（訓読文を訓点に従って漢字仮名交じり文に書き直したもの）に直せるようにしよう。

漢詩の形式

絶句《ぜっく》	四つの句から成る詩。	**五言《ごごん》絶句**…一句が五字 **七言《しちごん》絶句**…一句が七字	一句ごとに、**起句《きく》**—**承句《しょうく》**—**転句《てんく》**—**結句《けっく》**という構成。
律詩《りっし》	八つの句から成る詩。	**五言律詩**…一句が五字 **七言律詩**…一句が七字	参考 二句ごとに、**首聯《しゅれん》**（=起）—**頷聯《がんれん》**（=承）—**頸聯《けいれん》**（=転）—**尾聯《びれん》**（=結）という構成。

入試に出る 実戦問題

①次の漢詩の一部を返り点に注意して読み、書き下し文に直しなさい。

(1) 恨《うら》ンデハレ別レヲ鳥ニモ驚《おどろ》カスレ心ヲ

［ 別れを恨んでは鳥にも心を驚かす ］

(2) 低《た》レテレ頭《かうべ》ヲ思フ二故郷ヲ一

［ 頭を低れて故郷を思ふ ］

②次の孟浩然《もうこうねん》の書いた『春暁《しゅんぎょう》』という漢詩の形式を、漢字四字で答えなさい。

春《しゅん》眠《みん》不《ず》レ覚エレ暁《あかつき》ヲ
処処聞ク二啼《てい》鳥《てう》ヲ一
夜来風雨ノ声
花落ツルコト知ル多少

［ 五言絶句 ］

国語

7

国語［古典］

漢文・漢詩の知識

入試ナビ

返り点を付けたり、書き下し文に直したりできるようにする。

漢文の読み方

①訓読《くんどく》とは

● 漢文を日本語の文法に従って、日本語の文章のように読むこと。

● **訓点（訓読するために入れる符号《ふごう》）**には、**送り仮名《がな》・返り点・句読点**がある。

②送り仮名とは

● 漢文を訓読するときに、漢字の**右下**に付ける**片仮名**のこと。

● 日本語の**助詞・助動詞・用言の活用語尾《ごび》**などを、**歴史的仮名遣《かなづか》い**で入れる。

③返り点とは

…漢文を読む**順序**を表すための符号のこと。漢字の**左下**に付ける。

レ点	下の一字から、すぐ上の一字に返る。	例 読ム㆑書ヲ。（書を読む。）
一・二点	下の字から、二字以上隔《へだ》てた上の字に返る。	例 与《あた》フ㆓我ニ書ヲ㆒。（我に書を与ふ。）
上・下点	間に一・二点を挟《はさ》み、更《さら》に上に返る。	例 有リ㆘朋《とも》自《よ》リ㆓遠方㆒来タル㆖、…（朋遠方より来たる有り、…）

係り結び

係りの助詞	結びの形	意味	例文
ぞ・なむ	連体形	強調	例 空へぞ上がりける。（空へと上がっていった。）
や・か	連体形	注意 疑問・反語	例 たれかある。（誰《だれ》かいるか。）…疑問 例 劣《おと》るところやある。（劣るところがあるか。いや、ない。）…反語
こそ	注意 已然形《いぜん》	強調	例 恋《こひ》こそまされ。（恋の思いがいっそう増してくる。）

入試に出る 実戦問題

①次の――線部を現代仮名遣いに改めて、全て平仮名で答えなさい。

(1) ひときは心も浮《う》き立つ……。［ひときわ］

(2) よろづのことを泣く泣く……。［よろず］

(3) 立てば立つ、ゐればまたゐる……。［いればまたいる］

②次の文には、係り結びが使われている。それぞれ係りの助詞を書き抜《ぬ》きなさい。

(1) もと光る竹なむ一筋ありける。［なむ］

(2) 山の陰《かげ》にぞありける。［ぞ］

(3) 神へ参るこそ本意《ほい》なれ。［こそ］

古文の知識

歴史的仮名遣いの読み方

古文の表記	読み方	例語
語頭以外の は・ひ・ふ・へ・ほ	わ・い・う・え・お	例 とふ（問ふ）→とう 例 こほり（氷）→こおり
ゐ・ゑ・を	い・え・お	例 ゐなか（田舎）→いなか 例 をんな（女）→おんな
ぢ・づ	じ・ず	例 もみぢ→もみじ 例 めづらし→めずらし
くわ・ぐわ	か・が	例 くわじ（火事）→かじ 例 五ぐわつ（五月）→五がつ
au・iu・eu・ou	ô・yû・yô・ô	例 かう《kau》べ（頭）→こう《kô》べ 例 れう《reu》り（料理）→りょう《ryô》り

入試ナビ

歴史的仮名遣《かなづか》いの読み方を現代仮名遣いで書く問題が多い。

「そうだ」の識別

助動詞（伝聞）	活用語の終止形に接続する。	例 今夜は雨が降るそうだ。 例 今年の冬は寒いそうです。
助動詞（推定・様態）	動詞・助動詞の連用形や、形容詞・形容動詞の語幹に接続する。	例 今夜は雨が降りそうだ。 例 今年の冬は寒そうです。
副詞「そう」＋助動詞「だ」	「そうだ」の前で文節に区切ることができる。	例 僕《ぼく》もそうだと思う。 →○僕も／そうだと思う。

入試に出る 実戦問題

①次の文の――線部「ある」と同じ意味・用法のものはどれか。記号で答えなさい。

●どこにでもあるような商品だ。

ア 彼《かれ》にはある種のカリスマ性を感じる。
イ 校庭に樹齢《じゅれい》百年の大木がある。
ウ きちんと準備がしてあるそうだ。

［ イ ］

②次の文の――線部「そうだ」と同じ意味・用法のものはどれか。記号で答えなさい。

●明日のパーティーは盛り上がりそうだ。

ア 弟は褒《ほ》められてうれしかったそうだ。
イ 新たな発見が得られそうだと感じる。
ウ 誰《だれ》もがそうだとは言えない。

［ イ ］

国語［文法］

品詞の識別⑤

入試ナビ

「ある」は特に動詞と連体詞の識別に気をつける。

□「ある」の識別

動詞	「存在する」と言い換《か》えられる。	例 湖のほとりにホテルが**ある**。 ↓○湖のほとりにホテルが**存在する**。
補助動詞	直前に「て（で）」がある。	例 妹の分も取って**ある**。 例 手伝いは頼《たの》んで**ある**。
連体詞	「存在する」と言い換えられない。	例 三年前の**ある**日のことだった。 ↓×三年前の**存在する**日のことだった。

連体詞「ある」のあとには体言がくるよ。また、連体詞は活用しない自立語であることにも注意しよう。

「が」の識別

格助詞	体言・助詞に接続している。	例 決勝戦が終わる。 例 いちばん大きいのが弟の作品だ。
接続助詞	活用語に接続している。 （単独では文節を作れない。）	例 疲《つか》れたが、まだ休む訳にはいかない。

入試に出る 実戦問題

①次の文の――線部「で」と同じ意味・用法のものはどれか。記号で答えなさい。

● 花の香りを嗅《か》いでみる。

ア 生花店でバラの花束を買う。

イ 彼《かれ》は温厚な性格であった。

ウ 自転車をこいでひたすら走る。

［ ウ ］

②次の文の――線部「が」と同じ意味・用法のものはどれか。記号で答えなさい。

● 妹が欲しがっていたのが、このゲームソフトだ。

ア 森の奥《おく》に古びた洋館がひっそりと建つ。

イ 明日は晴れるとよいがどうだろうか。

ウ 熱はないが頭がひどく痛む。

［ ア ］

4

国語［文法］

品詞の識別④

入試ナビ

「で」の識別では、さまざまな品詞を識別する必要がある。

「で」の識別

格助詞	「～だ。」で文を終えられない。「～な＋名詞」の形にできない。	例 私たちは公園で桜を見る。 →×私たちは公園だ。　×公園な桜。
助動詞「だ」の連用形	「～だ。」で文を終えられる。「～な＋名詞」の形にできない。	例 父は会社員である。 →○父は会社員だ。　×会社員な父。
形容動詞の活用語尾《ごび》	「～な＋名詞」の形にできる。	例 風が爽《さわ》やかである。 →○爽やかな風。
接続助詞「て」の濁音《だくおん》化	直前に動詞の音便《おんびん》形がある。	例 山の空気は澄《す》んでいる。

(結果) (相手)	「に」、「相手」は「〜を相手に」と言い換えられる。	↓○医者になって活躍する。 例 A校と試合を行う。(相手) ↓○A校を相手に試合を行う。
格助詞 (並立)	「と」の前後の語句を入れ換えられる。	例 私のと妹のを取り替《か》える。 ↓○妹のと私のを取り替える。
接続助詞 (確定の順接) (仮定の逆接)	活用語の終止形に付いている。	例 振《ふ》り返ると、父が立っていた。(確定の順接) 例 疲《つか》れようと、作業は続ける。(仮定の逆接)

入試に出る 実戦問題

□① 次の文の――線部「う」と同じ意味・用法のものはどれか。記号で答えなさい。

● この洋服は高価だろう。

ア みんなで先生にお礼を言おう。

イ 君が課題を終えるまで待とう。

ウ 今夜の月は美しかろう。

［ ウ ］

□② 次の文の――線部「と」と同じ意味・用法のものはどれか。記号で答えなさい。

● 春になると花を咲《さ》かせる。

ア カレーとサラダを注文する。

イ 水を沸《わ》かすと湯になる。

ウ 春は別れの季節だといえる。

［ イ ］

3

国語〔文法〕

品詞の識別③

助動詞「う・よう」の識別

推量	前に「たぶん」を補える。	例 店は閉まっているだろう。 →○店はたぶん閉まっているだろう。
意志	「〜つもりだ」と言い換《か》えられる。	例 私がプリントを集めよう。 →○私がプリントを集めるつもりだ。
勧誘《かんゆう》	前に「一緒《いっしょ》に」を補える。	例 校門まで競走しよう。 →○校門まで一緒に競走しよう。

助詞「と」の識別

格助詞 （引用）	前の部分を「　」でくくれる。	例 無理だと断られる。 →○「無理だ」と断られる。
格助詞	体言に付いている。「結果」は	例 医者となって活躍《かつやく》する。（結果）

入試ナビ

「と」は、引用の格助詞と接続助詞との識別に注意する。

□ 格助詞「の」の識別

部分の主語	「が」と言い換えられる。	例 兄の描《か》いた絵。→○兄が描いた絵。
修飾語《しゅうしょくご》	体言に挟《はさ》まれている。	例 町の中心。
体言の代用	「こと・もの・のもの」と言い換えられる。	例 明日出かけるのが楽しみだ。→○明日出かけることが楽しみだ。

入試に出る 実戦問題

□ ①次の文の――線部「に」と同じ意味・用法のものはどれか。記号で答えなさい。

●山頂に向かって歩く。

ア 怖《こわ》いのにやせ我慢《がまん》をする。

イ 妹が学校に行く。

ウ 彼は律儀《りちぎ》に手紙を送った。

［ イ ］

□ ②次の文の――線部「の」と同じ意味・用法のものはどれか。記号で答えなさい。

●私の言うことを聞いてほしい。

ア たくさん雪の積もった地域を調べる。

イ この作家の作品は読みごたえがある。

ウ この青いノートは私のだ。

［ ア ］

国語［文法］

品詞の識別②

入試ナビ

「に」「の」は、同じ意味・用法のものを選ぶ問題が多い。

「に」の識別

格助詞	「〜だ。」で文を終えられない。あるいは「〜な＋名詞」の形にできない。	例 母が買い物に行く。 ↓×母が買い物だ。　×買い物な母。
接続助詞「のに」の一部	「のに」を「けれど」と言い換《か》えられる。	例 眠《ねむ》いのに、起きている。 ↓○眠いけれど、起きている。
助動詞「ようだ・そうだ」の一部	直前に「よう・そう」がある。	例 春のように暖かい。 例 うれしそうに話す。
形容動詞の活用語《ご》尾《び》	「〜な＋名詞」の形にできる。	例 彼《かれ》は真面目に働いた。 ↓○真面目な彼。

接続のしかたや、言い換えられる言葉に注目しよう。

受け身	「～ことをされる」と言い換えられる。	例 クラスの皆《みな》に注目される。 →○クラスの皆に注目することをされる。
可能	「～ことができる」と言い換えられる。	例 今ならまだ変えられる。 →○今ならまだ変えることができる。
尊敬	「～なさる」「お～になる」と言い換えられる。	例 お客様が帰られる。 →○お客様がお帰りになる。
自発	前に「自然に」を補える。	例 彼《かれ》の優しさが感じられる。 →○彼の優しさが自然に感じられる。

入試に出る 実戦問題

☑ ①次の文の――線部「ない」と同じ意味・用法のものはどれか。記号で答えなさい。

● 結果のことしか考えられない。

ア 見て見ぬふりをするとは情けない話だ。

イ 雨は上がったが空は明るくない。

ウ 明日は出かけないことにする。

［ ウ ］

☑ ②次の文の――線部「られる」と同じ意味・用法のものはどれか。記号で答えなさい。

● これならいくらでも食べられる。

ア 友人に褒《ほ》められる。

イ 質問にはすぐ答えられる。

ウ 地球の未来が案じられる。

［ イ ］

1 品詞の識別①

国語［文法］

入試ナビ

助動詞と形容詞の「ない」の識別が問われることが多い。

「ない」の識別

助動詞（否定〈打ち消し〉）	「ぬ」と言い換《か》えられる。	例 全く想像がつかない。↓○全く想像がつかぬ。
形容詞	「存在しない」と言い換えられる。	例 水がない↓○水が存在しない。
補助形容詞	直前に「は・も」を補える。	例 味は悪くない。↓○味は悪くはない。
形容詞の一部	「ぬ」と言い換えられず、「は・も」も補えない。	例 妹はまだおさない。↓×おさぬ　×おさはない

助動詞「れる・られる」の識別

読者アンケートのお願い

本書に関するアンケートにご協力ください。
右のコードかURLからアクセスし、
以下のアンケート番号を入力してご回答ください。
ご協力いただいた方の中から抽選で
「図書カードネットギフト」を贈呈いたします。

Webページ　https://ieben.gakken.jp/qr/derunavi/

アンケート番号　305606

高校入試 出るナビ　5科　改訂版

本文デザイン　シン デザイン
編集協力　八木佳子, ㈲マイプラン, 上保匡代, ㈱アポロ企画
英文校閲　Edwin L. Carty, Joseph Tabolt
本文イラスト　たむらかずみ
図　版　㈲木村図芸社, ㈱アート工房, ㈱明昌堂
写　真　写真そばに記載
DTP　㈱明昌堂　24-2031-1662(2021)

この本は下記のように環境に配慮して製作しました。
・製版フィルムを使用しないCTP方式で印刷しました。
・環境に配慮して作られた紙を使用しています。
※赤フィルターの材質は「PET」です。